L'AMI DES LOIS,

COMÉDIE EN CINQ ACTES ET EN VERS,

Par M. LAYA,

MEMBRE DE L'ACADÉMIE FRANÇAISE,
ET DE LA LÉGION D'HONNEUR.

Représentée pour la première fois à Paris, par les Comédiens français, le 2 janvier 1793, et remise au théâtre le 6 juin 1795.

CINQUIÈME ÉDITION,
AUGMENTÉE ET CORRIGÉE.

« Haine à tous les partis, respect à tous les droits,
« Amour, hommage au prince, obéissance aux lois. »
(*3e acte de la pièce.*)

A PARIS,

CHEZ J. N. BARBA, LIBRAIRE,
ÉDITEUR-PROPRIÉTAIRE DES OEUVRES DE PIGAULT-LEBRUN,
AU PALAIS-ROYAL, N° 51.

M DCCC XXII.

AVERTISSEMENT.

LA comédie de *l'Ami des Lois* fut représentée, pour la première fois, le 2 janvier 1793, dans ces temps d'anarchie et de terreur, où la convention nationale s'occupait avec le plus de violence du jugement de Louis XVI. Ce vertueux prince, ayant été informé de l'effet extraordinaire que produisait l'ouvrage, desira de le connaître. On lui en fit passer un exemplaire, par M. Cléry, qui transmit, quelques jours après, à l'auteur, les félicitations de l'auguste prisonnier, dans les termes les plus (1) honorables.

Deux années plus tard, *l'Ami des Lois* fut remis au théâtre, d'après le vœu même des députés *thermidoriens*, qui formaient, à cette époque, le gouvernement. Chose étrange! cette comédie, donnée en 1793, reprise en 1795, sous l'administration des hommes qui avaient le plus à s'en plaindre, puisque c'était contre eux qu'elle avait été composée, se trouve, depuis cinq ans, frappée d'interdiction, sous le règne des Princes qui ont félicité l'auteur de l'avoir fait représenter, au moment où les idées d'ordre et de modération étaient un

---

(1) Ce fait se trouve relaté dans les mémoires de Cléry.

arrêt de mort. Depuis cinq ans, l'auteur éprouve un *déni-de-justice*, dont les étrangers, non moins que les nationaux, auront peine à comprendre les motifs, quand ils auront lu la pièce. On ne concevra pas qu'un homme de lettres qui énonce des principes tellement louables, qu'on peut souhaiter (lui a dit l'un des ministres) qu'ils deviennent la morale politique de tous les peuples; soit plus rigoureusement traité que tel écrivain de qui les œuvres, reproduites souvent sur nos théâtres, sont un outrage fait à la morale, à la raison et au goût. L'auteur *mis hors la loi*, pendant quatorze mois, par les ennemis de toutes les lois, est repoussé hors de la scène, depuis cinq ans..... Par qui? par d'excellents citoyens qui s'honorent de partager ses opinions. Depuis cinq ans, ils étouffent sa voix qui n'est que l'écho de la leur; car, et leurs voix et la sienne rappellent les peuples au respect du prince, à l'amour des lois, à cet esprit d'ordre public qui seul peut maintenir la stabilité des gouvernement, ou ramener l'équilibre au sein des états que de longues secousses ont ébranlés.

Quand donc le releveront-ils de cet *interdit*, porté en sens inverse des bonnes intentions qui les animent? Quand donc cessera cette *suspension*, inique autant qu'illégale, qui atteint, sans *indemnité préalable*, le citoyen dans sa propriété, et, sans un honorable dédommagement, l'écrivain dans ce qu'il doit avoir de plus précieux, l'intérêt de sa réputation?

Le jury *renouvelé* des examinateurs des pièces de théâtre, en 1822, sera-t-il aussi (1) favorable à

---

(1) Il faut être juste : si *l'Ami des Lois* n'a pas reparu sur la scène depuis cinq ans, ce n'a pas toujours été la faute des censeurs. En 1817, ils avaient fait un rapport favorable. L'auteur est loin sans doute de vouloir réveiller de vieilles animosités qu'il croit assoupies, cependant, il doit rappeler qu'il a donné connaissance des obstacles apportés, en ce temps, à la représentation de sa comédie. Depuis, les tentatives qu'il a faites ont toutes été infructueuses.

Voici les termes du rapport adressé *par MM. les examinateurs des pièces de théâtre à son excellence le ministre de la police générale*, le 28 mars 1817.

« Cette pièce, qui est une satire des anarchistes et des fac-
« tieux, fut jouée en 1793, et attira sur l'auteur une honorable
« persécution. Ces temps de désordre, où la modération était
« réputée crime, sont loin de nous. L'auteur a changé quel-
« ques nuances de son ouvrage..... son *Ami des Lois* est *l'ami*
« *de la Charte monarchique.*

« Quoique la reprise de cette pièce ait été demandée depuis
« long-temps, on avait hésité à la permettre, parce qu'on avait
« craint de réveiller des souvenirs trop récents : mais nous
« paraissons être arrivés au point où de telles craintes se-
« raient peu fondées. Les anarchistes que l'auteur attaque avec
« force ne sont plus un parti. Ces anciens partisans ne sont pas
« les moins ardents à le désavouer. Les factieux, dans l'autre
« extrémité, reçoivent des reproches très-adoucis, et n'oseront
« pas se plaindre d'une comédie *déja ancienne*, qui fut pros-
« crite par des jacobins, auxquels probablement ils ne vou-
« dront pas ressembler. *L'ouvrage respire le respect du roi,*
« *l'amour de l'ordre et cette modération qui est désirée par*
« *tous les gouvernements.* »

« Et s'en rapportant aux lumières de votre excellence, dont

l'auteur que le fut le jury des examinateurs de
1817; ou bien le sera-t-il davantage que le jury
de 1820? Que vont décider messieurs les censeurs
sur cette pièce monarchique et nationale que son
auteur soumet de nouveau ; mais, cette fois, pu-
bliquement, à leur examen? S'ils sont aujour-
d'hui les juges de l'auteur, le public un jour sera
leur juge.

Avant de terminer, il faut donner quelques
éclaircissements sur cette nouvelle édition.

L'auteur ayant voulu que sa comédie fut un fidèle tableau de mœurs, *l'Ami des Lois* de 1822
n'est et ne doit être au fond que *l'Ami des Lois*
de 1793. On a voulu, et l'on voudrait peut-être encore y voir une pièce de circonstance : sans avoir
l'impertinence d'établir des points de comparaison,
l'auteur peut dire que *l'Ami des lois* est, comme
Tartufe et toutes les comédies de mœurs et de caractères, une pièce *de toutes les circonstances.* Sous
tous les gouvernements, en effet, il y aura des
classes d'hommes frondeurs par habitude, mécontents par système ; il y aura des esprits remuants,
ennemis de l'ordre établi, des factieux enfin ; mais
il y aura aussi de ces hommes à principes outrés,
toujours en deçà de leur siècle, brouillons d'une
autre espèce, qui poussent les gouvernements à

« ils sollicitent particulièrement l'attention, les examinateurs
« ont l'honneur de lui proposer D'AUTORISER LA REPRISE DE
L'AMI DES LOIS, etc.

leur perte avec les meilleures intentions du monde.
Voilà les exagérations dont le poète comique doit
s'emparer; qu'il doit produire et personnifier sur
la scène, afin que ceux qui s'y livrent s'en cor-
rigent; afin que ceux qu'elles séduiraient s'en mé-
fient et s'en garantissent. Or, c'est là particulièrement le but moral de *l'Ami des Lois.*

Ce qui vient d'être dit est pour le fond de l'ouvrage.

Quant aux formes, on pourra remarquer que
les augmentations que la pièce a reçues sont un
développement d'effets de scène qui étaient ina-
chevés, de situations plutôt indiquées que tracées
et soutenues, de raisonnements écourtés qui man-
quaient de force et quelquefois de justesse. Ces
additions sont un éclaircissement ou un complé-
ment de ce que la peinture des caractères et la
marche de l'action offrait de vague, de heurté et
d'incomplet dans une œuvre écrite avec toute la
précipitation du jeune âge. On ne veut pas dire
que l'exécution soit aujourd'hui sans reproche;
mais elle offre du moins un mieux relatif, qui
pourra satisfaire les personnes instruites des difficultés de l'art. Cette classe de juges, qui est la
plus éclairée, n'est pas la moins indulgente.

L'AMI DES LOIS,

COMÉDIE.

PERSONNAGES.

M. LE BARON DE VERSAC.

MADAME DE VERSAC, femme du Baron.

LE MARQUIS DE FORLIS.

DUBRISSAGE.

FILTEAU, ami de Dubrissage.

LAROCHE, journaliste.

PLAUDE, membre du comité des recherches.

BÉNARD, intendant de Forlis.

UN OFFICIER et sa suite.

DOMESTIQUES.

La scène est à Paris, dans l'hôtel de M. de Versac.

L'AMI DES LOIS.

ACTE PREMIER.

Le théâtre représente un salon, éclairé au premier acte.

———

SCÈNE I.

M. de VERSAC, M. de FORLIS.

M. DE VERSAC.

Vous avez vu ma fille, et je suis plus tranquille,
Elle est mieux : sa santé m'inquiétait. La ville,
Son désordre, le train qui règne en ma maison,
Où trente novateurs sans probité, sans nom,
Veulent régir la France, et ma table et ma femme,
Tout blessait son esprit, tout affligeait son ame.
Ses goûts l'ont ramenée aux mœurs simples des champs;
Chez sa tante, du moins, livrée à ses penchants,
Elle n'entendra plus les discours anarchiques
De vos nains transformés en géants politiques;
Elle y cultive en paix les vertus de son cœur.
Mais je vous le répète, et c'est avec douleur:
Ils ont fait du chemin, Forlis, en votre absence:
Je juge leurs progrès, d'après leur insolence:
Ma femme en leur faveur extravague, et je crains
Pour ma Sophie et vous, mon cher, quelques chagrins.

1.

FORLIS.

J'ai son aveu, le vôtre.

VERSAC.

Oui, ma parole est sûre;
Je la tiendrai.

FORLIS.

J'y compte, et ce mot me rassure,
Car je vous vis toujours maître dans la maison.

VERSAC.

Le bon temps est passé.

FORLIS.

Vraiment! et la raison?
Vous abusiez un peu...

VERSAC.

La chose est bien changée.
Ma femme était soumise; elle s'est corrigée;
L'esprit d'indépendance agite son cerveau :
C'est un des heureux fruits de votre ordre nouveau,
Qui m'ôte, avec mes droits, ceux que j'eus sur son ame.

FORLIS.

Oh! le tour est piquant.

VERSAC.

J'avais contre madame
Deux grands torts; j'étais noble, et de plus son mari.

FORLIS.

Vous voilà du premier, ainsi que moi, guéri.

VERSAC.

L'héritage, Forlis, que je tiens de mon père,
Était en fonds d'honneur et non en fonds de terre.
Les aïeux de ma femme, honnêtes parvenus,
N'avaient pas un grand nom, mais de grands revenus.
La richesse, illustrée alors par ce mélange,
Payait-la qualité qui vivait de l'échange.

C'était bien. Comme noble ensemble et comme époux,
J'avais double pouvoir sur ses vœux, sur ses goûts;
J'ordonnais; mais, mon cher, il faut voir la manière
Dont proteste aujourd'hui sa hauteur roturière!
Madame prétend bien avoir sa volonté :
Et comme tous les biens viennent de son côté,
Elle s'en fait un droit pour l'hymen de sa fille.
Si je parle en mari, comme un chef de famille,
Tout est perdu pour moi! Vos grands législateurs,
Des bienfaits du passé zélés réformateurs,
Pour qui la nouveauté fut toujours une amorce,
Ont, vous le savez bien, décrété le divorce....

FORLIS.

Oui.

VERSAC.

Je suis roturier déja de leur façon :
Ma femme, en me quittant, va me rendre garçon.

FORLIS, *riant.*

Votre mauvaise humeur est fort divertissante.

VERSAC.

Riez-en; ma conduite est fort embarrassante :
Mes reproches, mes cris auront-ils le secret
De régler une tête, ou changer un décret?

FORLIS.

Non... On tient donc toujours bureau de politique?

VERSAC.

Oui, c'est à qui fera ses plans de république.
L'un, dans sa vue étroite et ses goûts circonscrits,
Claquemure la France aux bornes de Paris.
L'autre, plus décisif en son humeur altière,
Avec la France encor régit l'Europe entière;
L'autre en petits états formant trente cantons,
Demande trente rois... pour de bonnes raisons;

Et tous vantant leurs mœurs, étalant leur science,
Veulent régénérer tout... hors leur conscience.

FORLIS.

Leurs plans diffèrent? bien : l'un de l'autre envieux,
Ils se querelleront.

VERSAC.

Ils s'entendent au mieux.
La guerre domestique est le but de ces traîtres,
De ces nouveaux Gracchus, plus hardis que leurs maîtres,
La guerre domestique! ah! qu'ils savent trop bien
Que pour vaincre un grand peuple, il n'est que ce moyen.
Fort contre l'étranger il s'indigne, il se serre ;
Perdu, dès que lui-même est son propre adversaire.

FORLIS.

Je suis de votre avis; et vous devez savoir
Que je veux les combattre, et de tout mon pouvoir.

VERSAC.

Vous l'avez fait déja même avec avantage :
Mais votre absence a bien relevé leur courage..
Nous avons à présent nos *faiseurs*, grands, petits,
Qui propagent le trouble, animent les partis....

FORLIS.

Ces partis, ces *faiseurs* ont trop peu d'importance
Pour qu'on daigne un moment croire à leur existence ;
Et vous verrez, enfin, ces obscurs charlatans,
Après avoir dupé quelques honnêtes gens,
Terminant, par l'oubli, leur honteuse carrière,
Tout naturellement rentrer dans leur poussière.

VERSAC.

Vous ne doutez de rien.

FORLIS.

Et vous doutez de tout.

VERSAC.

L'État est renversé, vous le voyez debout.

FORLIS.

Vous vous trompez, Versac ; c'est vous, tout à l'inverse,
Qui, lorsqu'on rétablit, croyez que l'on renverse.

VERSAC.

Commerce, industrie, arts, tout tend à s'abymer.

FORLIS.

Qu'on vous rende vos droits, tout va se ranimer?

VERSAC.

Oui, tous nos droits d'abord...

FORLIS.

        D'abord, il faut s'entendre :
Voulez-vous donc toujours posséder, sans rien rendre?
Consultez la justice, ou bien le sens commun :
Tous deux, mon cher Versac, demandent que chacun,
Puisque chacun enfin a part aux bénéfices,
Supporte également le poids des sacrifices.
Tous deux veulent encor que l'esprit, le talent,
S'il est né sans fortune, ait l'espoir consolant
De pouvoir quelque jour surmonter la barrière
Qui l'éloigne du prince et borne sa carrière.
La raison, la justice, étant sans préjugés,
Veulent que tous délits par la loi soient jugés,
Sans égard pour le rang, les biens et la naissance :
La loi nous pèse tous dans la même balance.
Le prince, consacrant ces règles d'équité,
Nous a rendus lui-même à cette égalité.

VERSAC.

En spéculation, oui, tout cela s'explique.
Ces principes sont bons dans une république :
Athènes, Sparte, Rome ont pu s'en arranger :
Chez nous, on ne les peut pratiquer sans danger...

Vous voulez, en dépit de la nature humaine,
De l'ame d'un Français faire une ame romaine ?
Dites : que devint Rome au siècle de Caton ?
L'erreur d'un demi-dieu peut servir de leçon.
Caton, qu'eût adoré Rome dans son enfance,
Et dont les dieux trop tard placèrent la naissance,
Caton, qu'un saint amour pour sa Rome enflamma,
La voulut reculer au siècle de Numa,
N'estimant pas assez cet intervalle immense
Du peuple qui finit au peuple qui commence.
Le bien ne put tout seul satisfaire son goût;
En exigeant le mieux sa vertu perdit tout.
Sa vertu prépara les fers de Rome esclave;
Rome immola César, et fléchit sous Octave.

FORLIS.

« Caton, qu'un saint amour pour sa Rome enflamma,
« La voulut reculer au siècle de Numa? »
Bon! Caton se trompa : qu'en voulez-vous conclure ?
Qu'il connut la vertu, mais fort mal la nature.
Il traita Rome usée et tombant de langueur,
Comme il eût traité Rome aux jours de sa vigueur.
Ce vœu fut, j'en conviens, d'un fou plus que d'un sage,
D'assouplir la vieillesse aux mœurs du premier âge.
L'avons-nous imité? toutes nos vieilles lois
Reposent dans leur poudre avec nos premiers droits.
Nous n'avons pas fouillé nos antiques annales,
Nos vieux titres rongés de rouilles féodales.
Nous cherchions, au contraire, et maintenant avons
Un code convenable au siècle où nous vivons,
Plus conforme aux progrès de la raison humaine;
Un contrat où, liés d'une commune chaîne,
Le sujet et le prince ont voulu s'engager,
L'un à suivre les lois, l'autre à les protéger.

L'un trouve son pouvoir dans ces lois consenties,
L'autre sa sûreté, tous deux des garanties.
Du temps, de la raison les fidèles flambeaux
Vont diriger nos pas dans ces sentiers nouveaux;
Nous montrer le danger de tous les faux systêmes,
Des principes outrés; nous sauver des extrêmes...

VERSAC.

De ces illusions ne soyez plus bercé :
Se plaire à les nourrir serait d'un insensé;
Des hommes et des temps la longue expérience
Vous donne un démenti... mais je perds patience;
N'en parlons plus, Forlis.... chez nous vous allez voir
Des niveleurs du jour les soutiens et l'espoir :
D'abord, un monsieur Plaude, applanisseur farouche:
Le mot *égalité* sans cesse est dans sa bouche;
Il veut, dans la fureur qui trouble son cerveau,
Voir les hommes passer sous le même niveau,
Ou sous la même faux tomber toute science :
C'est le petit Tarquin des arts et de la France....
De ce monsieur d'ailleurs il faut vous défier :
Il est inquisiteur en chef de son métier;
Infatigable agent de cette chambre ardente *
Qui, toujours très-peureuse, ou toujours très-prudente,
Dénonce le complot, avant qu'il soit ourdi;
Quand je ne parle pas, punit ce que je di;
Veille contre le crime avec persévérance,
Et n'effraye et n'atteint jamais que l'innocence...
Vous connaissez, je crois, les autres : c'est d'abord
Un Laroche, de Plaude audacieux support;
Journaliste mutin, qu'aucun respect n'arrête :
Je ne sais que son cœur de plus dur que sa tête...

* Le Comité des recherches.

Puis, monsieur Dubrissage et Filteau son ami.
Filteau dans le chemin est le moins affermi.
Le besoin d'exister, la fureur de paraître
Le rend sur les moyens peu scrupuleux peut-être.
Pour monsieur Dubrissage, oh! passe encor, voilà
Ce que j'appèle un homme! un héros! l'Attila
Du pouvoir et des lois! grand fourbe politique,
Des révolutions possédant l'art-pratique :
C'est un chef de parti...

FORLIS.

Peu dangereux.

VERSAC.

Ma foi,

Je ne sais... il vous craint.

FORLIS.

Je le méprise, moi.

SCÈNE II.

FORLIS, VERSAC, UN DOMESTIQUE.

VERSAC, *au domestique.*
Bon. Madame est rentrée?

LE DOMESTIQUE.

Oui.

VERSAC.

La troupe fidelle

Est là?

LE DOMESTIQUE.

Tous ces messieurs sont rentrés avec elle.

(Il sort.)

VERSAC.

Ces messieurs à souper ont rendez-vous toujours,

Quand ils dînent... notez qu'ils dînent tous les jours.

FORLIS.

A demain.

VERSAC.

Non, restez; vous allez voir ma femme.

FORLIS.

Volontiers.

VERSAC.

Je l'entends.

SCÈNE III.

FORLIS, VERSAC, Madame VERSAC.

VERSAC, *à sa femme.*

Voici Forlis, madame.

MADAME VERSAC, *le saluant froidement.*

Monsieur...

FORLIS, *bas à Versac.*

Ce froid accueil confirme vos soupçons.

VERSAC, *à sa femme.*

Je viens de l'informer des puissantes raisons
Qui vous font, en ce jour, détruire votre ouvrage,
Et de son union rejeter l'avantage :
Mais il ne me croit pas.

MADAME VERSAC.

C'est une vérité.

VERSAC.

Je vous dis que madame ainsi l'a décrété
Adieu.

(*Il sort.*)

SCÈNE IV.

MADAME VERSAC, FORLIS.

MADAME VERSAC.

Cette union, honorable, sans doute,
Ne peut plus se former, je la romps; il m'en coûte;
Mais, avec votre esprit, votre nom, votre rang,
Vous eussiez pu, Forlis, percer, aller au grand :
Quand l'audace est encor la vertu de votre âge,
Quand il fallait oser, vous avez fait le sage :
Faux calcul! vous voyez : avec tous vos talents,
Vous restez de côté, tandis que d'autres gens,
Moins forts que vous, sans doute, auront sur vous la pomme.
Qu'arrive-t-il de là? d'excellent gentilhomme
Qu'on vous vit autrefois, vous voilà comme nous,
Et comme votre ami, monsieur mon cher époux,
Qui me faisait sonner si haut sa baronnie,
Descendu dans l'honnête et simple bourgeoisie :
Or, l'homme ancien en vous se trouvant effacé,
Par les hommes du jour chez nous est remplacé.

FORLIS.

Mais ces hommes du jour, ou d'un jour, pour mieux dire,
Est-ce leur grand talent qui vers eux vous attire?

MADAME VERSAC.

Vous valez mieux, je sais, que vos rivaux.

FORLIS.

Vraiment?
Vous n'attendez de moi rien pour ce compliment.

MADAME VERSAC.

Mais de l'opinion le thermomètre indique
Que nous allons ici fonder la république.

FORLIS.

Vous croyez?

MADAME VERSAC.

C'est le vœu général à présent.
La constitution sera mise au néant...
(*Confidentiellement.*)
En États fédérés la France se partage.

FORLIS.

Plus d'un ambitieux y voit son avantage.

MADAME VERSAC.

En trente États-Unis.

FORLIS.

Donc, trente rois?... fort bien!
Chacun a son royaume.

MADAME VERSAC.

Et moi, j'aurai le mien.

FORLIS.

Au mieux.

MADAME VERSAC.

L'auteur du plan est monsieur Dubrissage,
Esprit vaste, élevé, plein de feu, de courage,
D'audace, bravant tout, osant tout attaquer.

FORLIS.

Quand on n'a rien à perdre, on peut bien tout risquer.

MADAME VERSAC.

Oh! vous le haïssez.

FORLIS.

Moi? c'est me faire injure,
Et c'est lui faire honneur. Le mépris, je vous jure,
Est tout ce que j'accorde à vos chers protégés.

MADAME VERSAC.

Vous allez voir chez moi ceux qu'ainsi vous jugez.

FORLIS.

Soit. Leur abord n'a rien qui m'impose et m'étonne :
Je ne crains leurs complots, leurs plans, ni leur personne.

MADAME VERSAC.

Aux prises avec eux demain je vous attends.

FORLIS.

J'ai rencontré par fois de plus forts combattants :
A vaincre ces messieurs il est si peu de gloire,
Qu'on est presque honteux d'une telle victoire.
Mais je mets au combat une condition ;
C'est que, donnant l'essor à mon opinion,
J'en exerce sur eux le libre ministère.

MADAME VERSAC.

D'accord : ils ont d'ailleurs un fort bon caractère.

FORLIS.

Ils appèlent sur eux de dures vérités ;
Et je leur en promets.... si vous le permettez.

MADAME VERSAC.

Faites, faites ; demain nous tenons nos assises.

FORLIS.

Eh bien ! à demain donc : vous nous verrez aux prises...
En vérité, madame, oui, j'admire comment
Ces messieurs vous ont pu séduire un seul moment.

MADAME VERSAC.

Mais ils sont, croyez-moi, patriotes.

FORLIS.

                        Madame,

Pénétrons, vous et moi, dans le fond de leur ame :
Patriotes ! ce titre, aujourd'hui prodigué,
N'appartient qu'à celui qui ne l'a point brigué.
Patriotes !... Eh quoi ! cette race flétrie
De sots ou de méchants, fléau de la patrie :
Ces Solons nés d'hier, enfants législateurs,

Qui, rédigeant en lois leurs rêves destructeurs,
Pour se le partager, voudraient mettre à la gêne
Cet immense pays rétréci comme Athène!
Ne plaçons pas, de grace, en un même tableau,
Le patriote ancien à côté du nouveau.
Celui-ci ne l'est pas, mais veut passer pour l'être;
L'autre l'est en effet, sans vouloir le paraître.
Le mien n'honore pas, comme vos messieurs font,
Les sentiments du cœur de son mépris profond.
Ce n'est qu'en pratiquant les vertus domestiques,
Qu'il compte s'élever jusqu'aux vertus publiques.
Il croit qu'ayant des mœurs, étant homme de bien,
Bon parent, l'on peut être alors bon citoyen.
Compâtissant aux maux de tous tant que nous sommes,
Il ne voit qu'à regret couler le sang des hommes;
Et, rattachant sa cause à celle de chacun,
Confond son intérêt dans l'intérêt commun.
Voilà le patriote; il a tout mon hommage:
Vos messieurs ne sont pas formés à cette image.

MADAME VERSAC.

Vous voyez en petit; il faudrait voir en grand.
Un seul est devant tous un point indifférent:
Et le vrai citoyen ne voit père, ni fille,
Ni femme, ni parents; il n'a qu'une famille,
Le peuple; de tous nœuds prompt à se délier,
Il doit...

FORLIS.

Vous devenez sublime... à m'effrayer!...
Il est encor pour moi des nœuds que je révère:
Je me sens tressaillir au nom d'ami, de frère;
De mes chagrins près d'eux le trait peut s'adoucir,
Et mon cœur près d'un cœur ne sait pas s'endurcir.
Sans trop se dégrader, sans rabaisser son ame,

Je crois qu'on peut aimer ses enfants et sa femme,
Dussé-je compromettre un peu ma dignité,
Je veux aimer les miens avec sincérité,
En bon bourgeois; je veux entrer dans le partage
De leurs maux, de leurs biens; les maux, je les soulage:
Les biens, tout autant qu'eux, plus qu'eux, j'en sais jouir;
Près d'eux je veux enfin pleurer, me réjouir...
Voilà des sentiments, des goûts bien *terre-à-terre* :
Blâmez les, j'y consens : mais c'est mon caractère
De préférer ces goûts aux transports exaltés
De certains grands esprits qui, toujours haut-montés,
Dédaignent de chérir ce qui les environne;
N'aimant le monde entier, que pour n'aimer personne...
De mes rivaux enfin quel est le favori?

MADAME VERSAC.

Aucun des deux encor.

FORLIS.
Bon?

MADAME VERSAC.
Je n'ai jusqu'ici
Aucun penchant pour eux, pour eux aucune haine.

FORLIS.
Il faut choisir pourtant.

MADAME VERSAC.
Je choisirai sans peine.
Si le succès s'arrange au gré de vos rivaux....

FORLIS.
Comme ils l'ont arrangé déja dans leurs cerveaux?

MADAME VERSAC.
Plus digne par son rang d'entrer dans ma famille,
Le mieux doté des deux, Forlis, aura ma fille.

FORLIS, *gaiement.*
Je serai votre gendre.

MADAME VERSAC.

　　　Oui?... nous verrons cela....
Pour monsieur mon mari, patience; on saura
Lui prouver que ce monde est une loterie :
Nous suivons tous sa roue, et la chance varie.
Monsieur était baron; l'on n'osait l'approcher :
Vers de plus grands honneurs, moi, je prétends marcher.
Je veux, ne pouvant plus m'allier à des princes,
Pour gendre, un gouverneur de deux ou trois provinces.

FORLIS, *riant.*

Oh! vous ne pouviez mieux terminer le roman,
Madame.

MADAME VERSAC.

　　Permettez qu'on vous quitte un moment.
Je passe chez monsieur.

FORLIS.

　　　Peut-on vous y conduire?
　　　(*Elle lui donne la main.*)
Je vais le saluer sur son nouvel empire.

FIN DU PREMIER ACTE.

ACTE SECOND.

SCÈNE I.

FORLIS, BÉNARD.

FORLIS.

Entrons ici, Bénard.

BÉNARD.

Monsieur, je vous apporte....

FORLIS.

La liste? en bon état?

BÉNARD.

Complète; mais bien forte:

Cent cinquante!

FORLIS, *prenant le papier.*

Par jour, à vingt sous, c'est, je crois...

Par jour... vingt sous chacun... deux cents louis par mois.

BÉNARD.

Moins douze, monsieur...

FORLIS.

Oui, moins douze.

BÉNARD.

Et quatre livres.

FORLIS.

Et quatre livres, bon.

BÉNARD.

La note est dans mes livres...

Mais, songez-y, monsieur : que de gens à payer !

FORLIS.

C'est doubler son argent que le bien employer.

BÉNARD.

De ces actions-là peu d'hommes sont capables.

FORLIS.

Vous me jugez trop bien, ou trop mal mes semblables.
Le secret est-il sûr ?

BÉNARD.

Oui.... mais d'un si beau trait,
Qui vous ferait honneur, pourquoi faire un secret ?

FORLIS.

Publier un bienfait, s'il faut que je le dise,
C'est d'un acte obligeant faire une marchandise.
C'est vendre, non donner ; le plus noble intérêt
Qu'on en puisse exiger, Bénard, c'est le secret.
        (Apercevant Dubrissage.)
Suivez-moi, mon ami ; j'aperçois Dubrissage
Et l'un de ses agents.

BÉNARD.

L'honnête personnage !
                (Ils se retirent.)

SCÈNE II.

DUBRISSAGE, FILTEAU.

DUBRISSAGE, voyant sortir Forlis.

Me trompé-je ? Forlis de retour ! Ah ! tant pis.
Il faut au journaliste en donner prompt avis.
Ici, nous serons bien... Je vais vous montrer l'acte.

FILTEAU.

Du partage ?
        (Ils s'asseyent devant une table.)

2.

DUBRISSAGE.

J'en tiens une copie exacte.
Vous savez que déja les plans sont discutés.

FILTEAU.

Je sais même à-peu-près comme on nous a traités.

DUBRISSAGE.

J'ai de vous et de moi vanté le zèle extrême :
On plaide toujours bien en plaidant pour soi-même :
Mais vingt-huit concurrents!...

FILTEAU.

Sans doute.

DUBRISSAGE.

Il fallait bien
Se saigner quelque peu pour force gens de bien,
Bons travailleurs sous nous, troupeau qui nous seconde :
Voulez-vous réussir? ménagez tout le monde.
Soyons justes d'ailleurs, Filteau; sous l'ordre ancien,
Qu'étions-nous, vous et moi? parlons franc : moins que rien.
Qu'avions-nous? j'en rougis! pas même un sou de dettes,
Car il faut du crédit pour en avoir de faites :
Or, d'un vaste pays maintenant gouverneurs,
Nous aurons des sujets, des trésors, des honneurs,
Nous, humbles rejetons de la gent prolétaire
Qui n'avions pas en propre un seul arpent de terre.

FILTEAU, *suivant des yeux sur le papier.*

Oui... voyons le travail... Macon, Beaune... Vraiment,
Bon pays! bon vignoble!

DUBRISSAGE.

Il tombe au plus au gourmand.

FILTEAU.

Ah! voici notre lot... On me donne le Maine.

DUBRISSAGE.

Vous allez y manger les chapons par centaine.

FILTEAU.

C'est un fort beau pays!... Vous avez le Poitou.

DUBRISSAGE.

Oui, mais j'aurais voulu qu'on y joignît l'Anjou.

FILTEAU.

Je ne vois rien pour Plaude?

DUBRISSAGE.

Eh! mais, que veux-tu fair

D'un fou qui, tout coiffé de son système agraire,

Ne fait du sol français qu'une propriété,

Et de ses habitants qu'une communauté?

FILTEAU.

Vous approuviez ses plans?

DUBRISSAGE.

En politique habile,

J'use d'un instrument tant qu'il peut m'être utile:

Un moment, comme lui, je fus *agrairien*;

Mais pourquoi? c'est qu'un champ vaut toujours mieux que rien.

Aujourd'hui, du Poitou puissant seigneur et prince,

Je laisse là le champ, pour prendre la province.

FILTEAU.

Ce plan me paraît bien. Il n'y manque à présent

Que l'exécution et le succès.

DUBRISSAGE.

Comment?

FILTEAU.

Vous oubliez Forlis : ce Forlis qui nous gêne

N'est pas de ces rivaux qu'on surmonte sans peine.

DUBRISSAGE.

Oh! j'ai pour l'arrêter des moyens excellents:

La ruse qui nous sert au défaut des talents;

L'audace qui nous sauve au défaut de la ruse;

Et de ces deux ressorts je sais comme l'on use.

Il faut qu'avant un mois cet homme dangereux
Tombe, ou que nous tombions : ce sera l'un des deux.
Et de l'ordre et des lois ces fidèles apôtres
Sont les amis du peuple, et ne sont pas les nôtres.
Un Forlis dégagé de toute ambition,
Qu'on ne saurait séduire, étant sans passion,
Armé pour maintenir l'unité monarchique,
Ne doit être à nos yeux qu'un monstre en politique.
Il n'est, soyez-en sûr, qu'un état démembré
Où l'on puisse, mon cher, s'arrondir à son gré.

FILTEAU.

Il faut que la vertu cache en soi quelque chose
Qu'on ne peut s'expliquer, dont le pouvoir impose;
Mais ce Forlis m'étonne, et j'ai honte, entre nous,
Quand je suis près de lui, d'être si près de vous.

DUBRISSAGE.

Tête étroite! une fois lancé dans la carrière,
Doit-on, comme un poltron, regarder en arrière?
Allons droit en avant, monsieur le vice-roi :
Il faut une démarche, une attitude à soi.
Presque tous nos succès sont un fruit de l'audace.
Qui sait oser, sait vaincre, et qui craint, s'embarrasse,
Se fourvoie et s'égare au plus beau du chemin.
Il faut, comme un enfant, vous mener par la main!
La vertu! c'est sans doute une chose fort belle;
J'ai, tout en m'en passant, un grand respect pour elle;
Mais c'est un de ces fonds qui ne produisent rien.
Voyez un peu le sort de vos hommes de bien!
Pauvres dupes! martyrs de leurs folles maximes!...
Laissez là ces retours sots et pusillanimes,
Tous ces doutes honteux d'esprits mal convertis,
Qui, se laissant flotter entre les deux partis,
N'ont ni l'appui de l'un, ni l'estime de l'autre.

Votre appui, votre espoir, votre asyle est le nôtre.

FILTEAU.

Passons.... De l'acte, enfin, vous avez effacé
Certain nom de coquin qui s'était là glissé,
Pour notre déshonneur.... je vois de cette liste
Exclu formellement du moins le journaliste,
Ce Laroche.... homme vil....

DUBRISSAGE.

C'est un écervelé,

Pauvre diable !

FILTEAU.

Méchant.

DUBRISSAGE.

Eh ! non, cerveau fêlé,
Vous dis-je ; quelquefois utile.

FILTEAU.

Pour mal faire.

DUBRISSAGE.

Mal faire est quelquefois utile, ou nécessaire.
Du reste, infatigable, intrépide limier,
En quête des complots, toujours, et le premier ;
Contre nos ennemis sans cesse en embuscade.

FILTEAU.

Oui, prenant les terreurs de son esprit malade
Pour des complots réels, et pour nos ennemis,
Ceux qui sont nos soutiens ou nos plus sûrs amis.
D'un maître vigilant l'oreille en sentinelle
Sera toujours ouverte au cri d'un chien fidèle,
Qui jamais n'aboya qu'à l'aspect du brigand ;
Mais il n'écoute plus ce gardien fatigant
Qui, troublant son repos d'une clameur stérile,
Quand il n'est qu'importun, ose se croire utile...
Mons Laroche est de Plaude un digne compagnon.

DUBRISSAGE.

Mon cher, vous voyez mal; et la saine raison,
La bonne politique inspire, et même ordonne
De ne sentir estime ou mépris pour personne;
D'user de tous : chacun a son petit talent :
Le Laroche a le sien : c'est un homme excellent
Dans l'art de préparer, de chauffer une émeute;
Il aboie à lui seul plus que toute une meute.
C'est du bruit; j'en conviens : c'est de vains mots; d'accord :
Il ne frappe pas juste; oui, mais il frappe fort.
Le peuple aime le bruit : la meilleure logique
Pour le peuple, amoureux du langage énergique,
C'est celle des poumons, hurlant avec succès,
Enflant tout, brouillant tout, portant tout à l'excès;
Sa feuille est comme lui : le bon sens la condamne;
Tant mieux : étourdissante autant que son organe,
De la foule excitée, elle arme la frayeur;
Parlant à son oreille, elle parle à son cœur,
C'est tout un : son journal nous rend de bons offices.
D'ailleurs, exigeant peu : pour tant de sacrifices,
Que veut-il? un peu d'or : assez indifférent
Sur ce qu'on nomme honneurs, emplois, dignités, rang,
Il s'immole pour nous et se rend ridicule;
Laissons-le donc grossir son modique pécule,
En échange des rangs dont nous sommes jaloux,
Et même du mépris qu'il recueille pour nous.

FILTEAU.

Je lui voudrais du moins un peu de conséquence;
Il ne sait ce qu'il veut, ce qu'il dit, ce qu'il pense,
Écrit blanc, écrit noir; défenseur maladroit,
Sert indistinctement le bon, le mauvais droit;
Dans le vrai, dans le faux, met la même assurance :
Impertinent du moins avec persévérance.

DUBRISSAGE.

Après? l'on prend toujours l'esprit de son métier :
Eh bien! un journaliste a l'esprit journalier :
Quand tout change, que rien n'est arrêté, n'est stable,
Voulez-vous donc qu'il soit immobile, immuable?
Que, dans ce grand conflit de tant d'opinions,
Il n'en ait qu'une seule, et soit sans passions?
De peur de se tromper, il les épouse toutes;
Vous n'avez qu'un chemin, il a toutes les routes;
Il prend l'une, il prend l'autre, et ne se trompe pas;
Car toujours l'intérêt a dirigé ses pas.

FILTEAU.

Qu'avec moi, sans détour, votre bouche s'explique :
Que pensez-vous du plan de notre république?
Notre France coupée en vingt ou trente parts,
Trente petits états, sans bornes, sans remparts,
Ayant chacun ses lois, ses mœurs, son chef unique,
Tout cela me paraît un rêve politique
Qui pourrait être court.

DUBRISSAGE.

                    Il faut donc se hâter,
Tandis qu'il durera, mon cher, d'en profiter.
Je pense comme vous; et je doute qu'il dure.
Une réflexion cependant me rassure :
En tenant ces états, fût-ce précairement,
Du moins, cher vice-roi, pour dédommagement,
Il nous en restera quelques débris utiles,
Quelques riches hameaux, quelques petites villes;
Enfin, chez l'étranger, quelque bon placement,
Par nous, en temps prospère, assuré sagement.
Envisageons le port, même avant la tourmente;
Et n'attendons jamais que le sort se démente;
Roseaux souples, tournons au premier coup de vent;

Ce sort veut nous trahir? nous, prenons le devant.
Trompons cette fortune ingrate qu'on maîtrise,
Et qui nous obéit, alors qu'on la méprise;
Ne pouvant l'arrêter, aidons le mouvement;
Et, de loin, ménageons un raccommodement.
Que j'en sais qui, suivant les routes fructueuses,
N'ont jamais fait, mon cher, que des chutes heureuses!...
Vous riez!...

FILTEAU.

Oui, vraiment.

DUBRISSAGE.

Et de quoi riez-vous?

FILTEAU.

Lorsque nous discourons, je crois revoir en nous
Ces deux prêtres romains, dont parle la satire,
Qui ne pouvaient jamais se regarder sans rire.

DUBRISSAGE.

Nous pouvons rire aussi, car nous aurons de quoi.
Mais parlons d'autre chose un peu; ça, dites-moi,
La petite Versac vous a, je crois, su plaire?

FILTEAU.

Selon... Et vous?

DUBRISSAGE.

Ces nœuds faisaient bien mon affaire;
Mais lorsque je verrai le Poitou sous mes lois,
Pourrai-je bien descendre à ces liens bourgeois?

FILTEAU.

Et moi donc, gouverneur du Haut et du Bas-Maine,
Ne puis-je pas serrer une plus noble chaîne?

DUBRISSAGE.

Oui, mais, mon cher Filteau, croyez-en mes avis:
Tenons toujours le dez, pour l'ôter à Forlis.
Cette enfant-là d'ailleurs est unique héritière;

Et, si quelqu'ouragan, (ce que je ne crains guère),
Brisait contre un écueil nos vaisseaux hasardeux,
Son bien, dans le naufrage, aiderait l'un des deux.
Pour moi, votre rival, je verrai sans colère
(A part.)
Le bonheur d'un ami.... J'ai l'aveu de la mère.

FILTEAU.

Moi de même.... Tous deux soyez unis demain,
(A part.)
J'en suis ravi d'avance.... On m'a promis sa main.

SCÈNE III.

DUBRISSAGE, FILTEAU, LAROCHE.

DUBRISSAGE.

Eh! c'est ce cher Laroche.... Oh! quel air d'allégresse!
Quel qu'en soit le sujet, cher ami, je m'empresse
De partager ta joie. Avons-nous du nouveau?

LAROCHE, essouflé.

Oh! je vous en réponds!... Ouf! je suis tout en eau.
J'ai donc l'air bien joyeux?

DUBRISSAGE.

Oui.... ta gaieté maligne
D'un complot découvert nous doit être un doux signe.

LAROCHE.

Ah! devinez un peu le traître.

DUBRISSAGE, gaiement.

Le coquin
Ne nous aborde plus qu'un complot à la main!

LAROCHE.

Ce dernier en vaut trente, en vaut cent....

DUBRISSAGE.

Allons, passe.

LAROCHE.

Oh! oui, le ciel sur moi manifeste sa grace;
Il m'a guidé, ce ciel....

DUBRISSAGE.

Où donc?

LAROCHE.

Dans le jardin.

DUBRISSAGE.

Le ciel!... et pour y voir?

LAROCHE.

Ah! le diable est bien fin:
Vous deux qui vous croyez un esprit plus habile,
Devinez le coupable; on vous le donne en mille.

DUBRISSAGE.

Bavard! tes vains discours sont-ils bientôt finis?
Son nom?

LAROCHE.

Vous saurez donc....

DUBRISSAGE.

Son nom?

LAROCHE.

Monsieur Forlis.

DUBRISSAGE.

Qui? Forlis?

FILTEAU.

Prenez garde: oh! cela ne peut être.

LAROCHE.

On en est sûr, monsieur; on se connaît en traître.

DUBRISSAGE.

En effet, mon ami, prends garde, il a raison;
Prends garde... Oh! seulement si de sa trahison

Nous avions, pour l'acquit de notre conscience,
Je ne dis pas la preuve, une seule apparence!
Ce serait trop heureux!

LAROCHE.

Apparence! ah! bien, oui!
Complot réel, vous dis-je, incroyable, inoui!
Cent cinquante employés qu'il soutient, sans reproche,
De ses propres deniers! Le tout est dans ma poche.

DUBRISSAGE.

Parle, point de longueurs.

LAROCHE.

En deux mots, m'y voici.
Tout exprès pour vous voir je me rendais ici.
Traversant le jardin, et guettant par routine,
J'aperçois un quidam d'assez méchante mine,
Marchant près d'un monsieur qu'à son air, ses habits,
Je reconnais bientôt pour monsieur de Forlis.
Ce quidam, dont la mine aux façons assortie
Dénonçait un agent de l'aristocratie;
Le retour un peu prompt de son maître, un instinct,
Un rayon, je le crois, qui d'en haut me survint,
Tout m'éclaire à la fois : « Forlis, me dis-je, à peine
« Vient-il, hors de Paris, de passer la quinzaine,
« Le voici de retour! quand, parti pour ses bois,
« Il devait, disait-on, être absent plusieurs mois!
« Suspect!... J'aperçois là quelque chose d'oblique. »

DUBRISSAGE.

Oui, le raisonnement est clair et sans réplique.
C'est une tête au moins! il vous flaire un complot!

LAROCHE.

J'étais né délateur.

FILTEAU.

Oui, c'est là votre lot.

LAROCHE.

'Quand j'ignore un complot, toujours je le devine...

DUBRISSAGE.

Après.

LAROCHE.

Après?... Vers eux je marche à la sourdine;
J'avance, retenant le feuillage indiscret
Qui de mes pas furtifs eût trahi le secret;
Caché par le taillis, l'oreille bien active,
Le cou tendu, l'œil fixe, et l'haleine captive,
J'écoutai, j'entendis, je vis.... je fus content.
Après un court narré, vague, non important :
« Bon, dit monsieur Forlis, vos listes sont complètes;
« Je garde celle-ci. » Puis, tirant ses tablettes,
Il écrit, les referme, et, sans me voir, il sort,
Oubliant sur le banc cette liste.... son sort!
Le nôtre! que sait-on? Crac, fuir de ma cachette,
Saisir et dévorer cette liste indiscrète,
C'est l'instant d'un éclair!... voyez.... Lisez un peu :
(*Il remet un papier à Dubrissage.*)
Cent cinquante employés, gens sans nom, sans aveu,
Et sans gîte, et sans pain.... Mes amis, cette bande,
Monsieur la soutient seul! Pourquoi? je le demande.

FILTEAU.

Cela prouve, à mon sens, bien peu de chose, ou rien.
Il faut, pour condamner...

LAROCHE.

Lisez.

DUBRISSAGE.

Lisons.

(*Il lit.*)

« Liste des noms de ceux auxquels, moi, Charles-
« Alexandre de Forlis, je m'engage à fournir, jusqu'au

« terme convenu, une paye de vingt sous par jour, bien
« entendu que, de leur part, ils rempliront les conven-
« tions par eux souscrites dans le premier traité secret
« fait entre nous. »

LAROCHE.

Eh bien!

DUBRISSAGE.

Rien n'est plus clair; complot avéré, manifeste!
Vite, il faut dénoncer.

LAROCHE.
C'est fait.

DUBRISSAGE.
Bon.

LAROCHE.

Je suis preste!
J'ai commencé par là : tout est bien préparé;
Ou, si vous l'aimez mieux, tout est presque assuré.

DUBRISSAGE.
Écoute : bonne idée!... Oui, quinze ou vingt copies
A nos fidèles!

LAROCHE.
Bon.

DUBRISSAGE.
Avec art reparties,
Ces listes, tout d'abord, vont produire un effet...

LAROCHE.
Du diable! Un bruit d'enfer! un désordre parfait!
Fiez-vous à mes soins.... Oh! j'ai de la pratique:
Des émeutes à fond je connais la tactique.

DUBRISSAGE.
As-tu des témoins?

LAROCHE.
Cent.... qui le vont travailler!...

Pour avoir des témoins on n'a qu'à les payer.

DUBRISSAGE.

Notre caisse?

LAROCHE.

A l'emplir ma troupe est occupée.

DUBRISSAGE.

Bien. L'or est un vainqueur plus puissant que l'épée.

FILTEAU.

Forlis est accusé; ne passez point vos droits;
Et, sans les prévenir, laissez parler les lois.

LAROCHE.

Les lois! les lois! ce mot est toujours dans leurs bouches.
Avec des magistrats muets comme des souches,
Laissez parler des lois qui se tairont toujours!
Non, il faut de la forme accélérer le cours.

DUBRISSAGE.

Bien dit.

LAROCHE.

J'ai dénoncé, dans moins d'une quinzaine,
Huit complots coup sur coup; c'est quatre par semaine.
Peu de bons citoyens, sans me vanter, je crois,
En ont su découvrir tout au plus un par mois.
Bon! mes yeux n'ont été que des visionnaires;
Mes complots (vrais complots d'élite!) des chimères;
Les accusés le soir sortaient tous des prisons,
Et moi j'étais gibier à petites-maisons!...
Je cours à notre affaire.

DUBRISSAGE.

Attends, que je te suive.
Il faut prendre une marche à-la-fois sûre et vive.
Sans adieu, cher Filteau, nous reviendrons.

SCÈNE IV.

FILTEAU, seul.

                                    Ma foi,
Cette affaire pour eux me donne quelque effroi;
Je n'y veux point entrer : puisqu'ils l'ont disposée,
Qu'ils démèlent tous deux, s'ils peuvent, la fusée....
Ces hardis boute-feux, Dubrissage sur-tout,
Ont fait un intrigant de moi contre mon goût.
J'étais né pour la vie honnête et sédentaire.
C'est le plus grand des maux qu'être sans caractère!
Dans les nœuds des serpents je suis pris!... aujourd'hui,
Remplissons notre sort, je n'ai qu'eux pour appui.
Hélas! que ne peut-on, d'une marche commune,
En restant honnête homme, aller à la fortune!

                      (Il se retire en réfléchissant.)

FIN DU SECOND ACTE.

3

ACTE TROISIÈME.

SCÈNE I.

DUBRISSAGE, FILTEAU.

FILTEAU.

Oui, je vous le répète, oui, je tremble pour vous,
Qu'il ne vous faille, enfin, parer vos propres coups.

DUBRISSAGE.

D'abord, étouffez-moi ces frivoles alarmes :
Car enfin, contre lui n'avons-nous pas des armes?
Je mets la chose au pis, et ma haine y consent :
On dit Forlis coupable; il se trouve innocent?
Bon! ses accusateurs ont tort? faute excusable.
C'est dans l'égarement d'un zèle respectable
Qu'ils ont agi; leur peur était un saint effroi;
« Et le salut du peuple est la suprême loi. »

FILTEAU.

Ce zèle, en son motif fût-il même plausible,
Jugé dans ses effets, n'est qu'un zèle nuisible;
Et ces grands mots du peuple et de ses intérêts
N'ont servi trop souvent qu'à couvrir des forfaits.

DUBRISSAGE.

Dans les jardins déja les groupes verbalisent :
D'un feu toujours croissant les têtes s'électrisent;
L'affaire est retournée, augmentée, il faut voir

Des oisifs rassemblés les vagues se mouvoir!
Ce que c'est que l'esprit public! comme il se monte!

FILTEAU.

L'esprit public! Un groupe abusé! Quelle honte!
Quel excès de délire et de corruption!

DUBRISSAGE.

Vous êtes loin encor de la perfection....
Des hauteurs de l'estime où le Forlis s'élève,
Il faut qu'il tombe enfin. Tout mon sang se soulève
De voir que, me jugeant trop au-dessous de lui,
Il ose, en ses dédains, me confondre aujourd'hui,
Avec cent factieux obscurs et sans courage:
Croit-il qu'impunément l'on endure l'outrage?
Tout beau, monsieur Forlis! vous que l'on dit sensé,
Vous saurez ce que peut l'amour-propre offensé.

FILTEAU.

Faut-il qu'il rende l'ame implacable, inhumaine?

DUBRISSAGE.

Eh quoi! tout vient ici justifier ma haine.
Oublions que sa chute aide notre projet,
Forlis, s'il n'est coupable, est au moins bien suspect:
L'écrit qu'il a signé contre lui-même plaide.

FILTEAU.

Eh bien! laissez agir la justice.

DUBRISSAGE.

Je l'aide.

FILTEAU.

Quoi! tant d'obscurs agents qu'en secret vous armez,
Ces doubles de la liste, en cent endroits semés,
Vos déclamations, vos cris, votre scandale,
Vont aider la justice?

DUBRISSAGE.

Ah! trève à la morale......

3.

Un mot encore; il faut vous tracer tous vos pas,
Pour que votre air, vos yeux, ne nous trahissent pas.
Lorsque Laroche ici paraîtra, dans une heure,
Vous verrez le Forlis *en état et demeure*
D'arrestation.

FILTEAU.

Ciel!

DUBRISSAGE.

Vous vous troublez déja?
Allons, un maintien ferme, et point de pâleur... là.
C'est Forlis!... taisons-nous.

FILTEAU, à part.

Que mon ame est saisie!

SCÈNE II.

DUBRISSAGE, FILTEAU, FORLIS, VERSAC, MADAME VERSAC.

MADAME VERSAC, bas à Dubrissage.

Nous verrons votre plan à quelque heure choisie.
Vous l'avez?

DUBRISSAGE.

Dans ma poche.

MADAME VERSAC.

Il faut pour l'examen
Du temps... Nous parlerons aussi de votre hymen.

SCÈNE III.

DUBRISSAGE, FILTEAU, FORLIS, VERSAC, Madame VERSAC, PLAUDE.

MADAME VERSAC.

Eh! comment donc? voici monsieur Plaude!

VERSAC, *bas à Forlis.*

En personne,

C'est l'inquisition.

DUBRISSAGE.

L'ingrat nous abandonne.

PLAUDE.

Le service public....

MADAME VERSAC.

Vous excuse.

PLAUDE, *lui remettant une brochure.*

Voici

Ma dissertation nouvelle.... Celle-ci
J'ose croire, madame, aura quelque influence;
Et doit, en moins d'un mois, *régénérer* la France.

FORLIS.

En moins d'un mois!

VERSAC.

C'est fort!

PLAUDE.

Oui, messieurs; en deux mots,
Voici comment : j'arrive à la source des maux.
Il n'en est qu'une.

FORLIS.

Qu'une?

PLAUDE.

Importante et très-claire :
C'est la propriété.

FORLIS.

Je ne m'en doutais guère.

PLAUDE.

De la propriété découlent, à longs flots,
Les abus, les excès, presque tous les fléaux.
Sans la propriété, point de voleurs ; sans elle,
Point de supplices donc, la suite est naturelle.
Point d'avares, les biens ne pouvant s'acquérir ;
D'intrigants, les emplois n'étant plus à courir ;
De libertins, la femme, et complaisante et bonne,
Étant à tout le monde et n'étant à personne ;
Point de joueurs, non plus ; car, sous mes procédés,
Tombent tous frabricants de cartes et de dés.
Or, je dis : si le mal naît de ce qu'on possède,
Donc, ne plus posséder en est le sûr remède.
Murs, portes et verroux, nous brisons tout cela :
On n'en a plus besoin, dès que l'on en vient là...

FORLIS.

Monsieur rend à l'état de signalés services :
Il détruit les vertus, pour mieux tuer les vices.

VERSAC.

Avec lui, nous voilà revenus, je le voi,
A ces jours où la force était l'unique loi.

PLAUDE.

Suivez bien : je remonte aux deux sources premières
Des maux des nations : les arts et les lumières.
Je proscris ce savoir, et ces arts empestés :
D'artistes, d'érudits, nous sommes infestés.
De leurs livres, tout pleins des poisons de leurs ames,
Je ne fais qu'un bucher, je livre tout aux flammes.

FORLIS.

Grace pour quelques-uns.

PLAUDE.

Ces livres superflus
Vous font-ils en un an croître un épi de plus?
La nature, les champs, voilà notre grand livre;
Et celui-là sait tout qui sait nous faire vivre.

FORLIS.

La modération n'est pas votre défaut.

DUBRISSAGE.

Tant mieux. Le modéré n'est pas ce qu'il nous faut.

FORLIS.

Si ce mot, dont en vain l'on veut faire une injure,
Désigne en ce moment ces gens froids par nature,
Que rien à leur sommeil ne saurait arracher,
A moins qu'un bon malheur ne les vienne chercher,
Et de qui l'existence équivoque et flétrie
D'un inutile poids fatigue la patrie;
Je hais autant que vous ces cœurs faux et glacés
Qui, vivant dans ce monde, en semblent effacés.
Mais, si vous entendez par ce mot l'homme sage
Qui, d'esprit et de cœur, non moins que de langage,
Contre les intrigants défend la vérité,
En dût-il perdre un peu de popularité;
Qui sert, même en risquant encor de lui déplaire,
Le peuple pour le peuple et non pour le salaire;
Patriote, et non pas de ceux-là dont la voix
Va crier LIBERTÉ! jusqu'au plus haut des toits;
Mais de ceux qui, sans bruit, sans parti, sans systêmes,
Prêchent toujours la loi, qu'ils respectent eux-mêmes:
Si fuir les factions, c'est être modéré,
J'accepte cette injure, et m'en trouve honoré.

PLAUDE, *bas à Dubrissage.*

Quel est donc ce monsieur ?... Quelque noble sans doute.

DUBRISSAGE.

Moi, les gens sans parti sont ceux que je redoute.

FORLIS.

Oh! C'est par modestie et non de bonne foi
Que les gens sans parti vous donnent de l'effroi :
Et sans citer des noms que personne n'ignore,
Convenez qu'il en est de plus à craindre encore.

DUBRISSAGE.

Moi, je n'en connais pas.

FORLIS.

Si j'étais indiscret !....

DUBRISSAGE.

Sont-ce ces mécontents armés contre un décret * ?
Ces héros d'outre-Rhin, et leurs castes altières ?....

FORLIS.

Vous les cherchez trop loin par delà nos frontières.
Non, les miens s'aiment trop pour nous quitter ainsi.
Ces prudents ennemis sont près de nous, ici.
Ce sont tous ces jongleurs, dont l'adroite grimace,
Qui leur a mérité quelques succès de place,
Assemble à leurs tréteaux, sous leur trône poudreux,
La troupe des oisifs chez nous toujours nombreux,
La troupe des fripons, non moins nombreuse encore,
Celle aussi de ces gens que rien ne déshonore,
Parce qu'ils ont usé même le déshonneur,
Se sauvant du mépris, en inspirant l'horreur.
Ce sont ces ennemis de tout frein légitime,
Qui, lorsqu'on les soumet, disent qu'on les opprime ;
Censurent tout pouvoir, sont prompts à s'en blesser,

---

* La loi qui supprime la noblesse.

A moins qu'on ne les laisse eux-mêmes l'exercer.
Que ces *hommes perdus de dettes et de crimes*,
(Comme l'a dit Corneille en ses profondes rimes),
Et qui (comme il a su lui-même l'ajouter),
Si tout n'est renversé ne sauraient subsister,
Purgent de leur aspect cette terre, affranchie
De toute oppression et de toute anarchie.
Guerre à tous les partis! respect à tous les droits!
Amour, hommage au prince! obéissance aux lois!
C'est du bon citoyen la devise fidelle.
Malheur à qui n'est pas formé sur ce modèle!

DUBRISSAGE.

Nous ne reconnaissons personne à vos portraits.

FORLIS.

Et moi, j'en sais plusieurs qu'ils font voir traits pour traits.

DUBRISSAGE.

On pourrait en douter.

FORLIS.

Oui, la glace fidelle
Réfléchit des objets aveugles devant elle.

DUBRISSAGE.

Vous citeriez les noms avec quelque embarras.

FORLIS.

Ma mémoire long-temps ne les chercherait pas.

DUBRISSAGE.

Les preuves à fournir, voilà le difficile!

FORLIS.

Mille dans leurs écrits, dans leur conduite mille.

DUBRISSAGE.

Les vrais amis du peuple ainsi sont outragés;
Mais, dans leur conscience, ils sont du moins vengés.

FORLIS.

L'honnête homme pour eux montre moins d'indulgence:

Il ne sait pas flatter comme leur conscience.

DUBRISSAGE.

Le prix que jusqu'ici leur zèle a retiré
Prouve que l'intérêt ne l'a pas inspiré.

FORLIS.

On les a dédaignés, c'est ce qui les irrite.
On leur a dérobé le prix de leur mérite ;
Et, d'un esprit moins fier, d'un œil moins effrayé,
Ils verraient leur néant, s'il leur était payé :
Mais, las de n'être rien dans notre grande cause,
Ils se font factieux pour être quelque chose,
Sachant trop bien que l'ordre et la tranquillité
Les vont, en renaissant, rendre à leur nullité.

SCÈNE IV.

DUBRISSAGE, FILTEAU, FORLIS, VERSAC,
Madame VERSAC, PLAUDE, LAROCHE.

DUBRISSAGE, à Laroche qui entre.

Venez... Vous avez part aux traits que monsieur lance,
Mon cher ami du peuple.

LAROCHE, bas à Dubrissage et avec mystère.

Ils arrivent.

DUBRISSAGE, de même.

Silence !

PLAUDE.

Laissons cela. Chacun juge d'après ses yeux.
Nous autres, nous voyons comme des factieux :
De nous l'on ne fera jamais de bons esclaves.

FORLIS.

On doit l'être des lois : sans leurs saintes entraves,
La liberté n'est plus que le droit du brigand.

Le plus libre est des lois le moins indépendant.
Malheur à tout état où règne l'arbitraire;
Où le texte avili fait place au commentaire.

PLAUDE.

C'est bien ainsi qu'on fonde un bon gouvernement!
Non, la délation et l'emprisonnement,
Voilà les vrais ressorts! Il ne faut point de grace :
De l'apparence même au besoin l'on se passe.
Moi, messieurs, par exemple, oh! je l'entends au mieux.
Je n'examine pas si c'est clair ou douteux;
Je vois, ou ne vois pas; j'arrête, au préalable.
Aussi, me dira-t-on qu'il échappe un coupable?
Je fournis les cachots.

FORLIS.

C'est un terrible emploi.

PLAUDE.

Il faut être de fer; il faut que ce soit moi
Pour y tenir, monsieur! Nul jour où je n'enferme
Quelque conspirateur!... Oh! mes limiers vont ferme!
Tenez, on en arrête encore un aujourd'hui;
Je viens de signer l'ordre; on doit être chez lui.
Il est riche, il est noble; après ces deux épreuves....

VERSAC.

J'entends : cela suffit pour se passer de preuves?

PLAUDE.

Ici, j'en ai.

VERSAC.

Vraiment?

PLAUDE.

Un écrit de sa main.

LAROCHE, *à part.*

Quel contretemps!

PLAUDE.

J'espère aussi que dès demain
Un bon arrêt....

VERSAC.

Sitôt?

PLAUDE.

Tout retard est funeste.
Il nous faut un exemple; aussi, je vous proteste
Que je vais de tout cœur soigner ce monsieur-là.
Je vous le certifie, un bon traître!.... déja;
Le procès est en train.

DUBRISSAGE, *à part.*

O la langue indiscrette!

VERSAC.

Un noble, dites-vous?

PLAUDE.

Oui, son affaire est faite.
Son nom va circuler bientôt dans tout Paris :....
Il•est assez connu; c'est monsieur de Forlis?

FORLIS.

Y pensez-vous, monsieur? Quel nom osez-vous dire?

PLAUDE.

Le marquis de Forlis!....

VERSAC.

Monsieur est en délire?

PLAUDE.

Non, monsieur, c'est lui-même, et je le sais fort bien :
Je n'ai pas ce matin instrumenté pour rien.

FORLIS.

Ce matin?

PLAUDE.

J'ai fait tout pour qu'on saisit le traître.

FORLIS.

Et l'on va l'arrêter, chez lui ?

PLAUDE.

Bon, ce doit être

Chose faite à présent.

FORLIS.

Moi, je vous avertis

Qu'on n'aura pas trouvé chez lui monsieur Forlis.

PLAUDE.

Vous le connaissez ?

FORLIS.

Oui.

PLAUDE.

Tant-pis, mauvais présage

D'avoir quelque commerce avec ce personnage !

FORLIS.

Monsieur....

PLAUDE.

C'est entre nous un scélérat.

FORLIS.

Eh quoi !

Savez-vous bien, monsieur, que ce Forlis, c'est moi.

PLAUDE.

Est-il possible ? Vous !.... Ah, ah ! que j'ai de honte !....
On vous cherche, monsieur, vous ferez votre compte
De demeurer céans, ou de suivre mes pas.

FORLIS.

Vous pourrez voir, monsieur, que je ne fuirai pas.

PLAUDE.

J'en suis fâché... d'honneur !....Quel dommage ! Un brave homme !
(*Apercevant l'escorte.*)
Ah, bon ! Voici mes gens !

SCÈNE V.

DUBRISSAGE, FILTEAU, FORLIS, VERSAC,
Madame VERSAC, PLAUDE, LAROCHE,
un OFFICIER, suite.

PLAUDE, *à l'officier.*

Messieurs, monsieur se nomme
Monsieur Forlis.... Je sors.

(*Il s'échappe.*)

FORLIS.

Oui, messieurs, avancez,
Je suis au fait.

L'OFFICIER.

Voici le mandat....

FORLIS.

C'est assez.
Quand règne, par les lois, la liberté publique,
Ces ordres sont, messieurs, un abus.... Ma critique
Paraît en ce moment suspecte, je le voi.
Au reste, eût-elle tort, j'obéis à la loi.

VERSAC.

La liberté, messieurs, qui nous est tant promise,
Doit-elle en un moment être ainsi compromise?
Que la loi sans rigueur veille à sa sureté :
Double-t-on ses moyens par la sévérité?
Souffrez que mon ami, dont vous répond ma tête,
Trouve dans mon hôtel une prison honnête.

FORLIS.

Non, non, je ne veux pas, messieurs, de passe-droit :
La loi, pour tous égale, à personne n'en doit.
Puisqu'elle a prononcé, je subirai ma peine;

Innocent ou coupable, il suffit, qu'on m'emmène.
        (*A madame Versac.*)
Madame, pardonnez l'éclat inattendu
D'un coup, dont je me sens plus que vous confondu.
Le temps arrachera le voile à l'imposture.

                MADAME VERSAC.
Vous ne soupçonnez rien?

                FORLIS.
                    Non, rien : cette aventure
Est un mystère encor pour moi, comme pour vous....
    (*S'arrêtant et considérant Dubrissage.*)
Mais ces messieurs pourraient en savoir plus que nous :
De monsieur Plaude ils sont les amis, les apôtres;
Nous avons rarement des secrets pour les nôtres :
Ils sont instruits, sans doute.

                DUBRISSAGE.
                    Oh! moi, je ne sais rien.

                LAROCHE.
J'ignore tout.

                FORLIS.
        Pour moi, j'ai là quelque soutien
Qui, sans peine, rendra cette attaque inutile.
Il est, en ce moment, plus d'un cœur moins tranquille.
Cachant mal de leurs fronts l'indiscret mouvement,
Mes ennemis déja triomphent hardiment :
De ce succès honteux qu'ils goûtent donc les charmes.
Ils pourront, dès demain, l'expier de leurs larmes.

                DUBRISSAGE.
Oseriez-vous, monsieur, nous soupçonner?

                FORLIS.
                        Pour peu
Que vous vous défendiez, c'est me faire un aveu.

DUBRISSAGE.

Vous ne douterez plus, du moins, de ma franchise,
Monsieur, et, puisqu'enfin il faut que je le dise,
Je ne vous aime pas; je l'avoue hautement:
Mais agir contre vous, et clandestinement!
A ces obscurs détours qui pourrait me contraindre?
Ceux que je n'aime pas, je ne sais pas les craindre.
Vos provocations ne pourraient m'irriter,
Qu'autant que ma conduite eût pu les mériter.
Par ma conduite, un jour, je saurai vous instruire
Que j'étais loin, monsieur, mais très-loin de vous nuire.

UN DOMESTIQUE, *paraissant.*

Madame, on a servi.

FORLIS, *à madame Versac.*

Bon: oubliez à table
Un sujet qui, pour moi, n'a rien de redoutable:
Ce mystère d'horreurs, où je suis compromis,
Ne peut être alarmant que pour mes ennemis.

*(Dubrissage donne la main à madame Versac;
Laroche et Filteau les suivent; Filteau, en jetant
un regard inquiet sur Forlis.)*

SCÈNE VI.

FORLIS, VERSAC, L'OFFICIER.

FORLIS, *à l'officier.*

Partons.

L'OFFICIER, *qui a laissé s'éloigner les précédents,
moins Versac, dit à Forlis:*

Je vois, monsieur, à ce ferme maintien,
Qu'en vous-même, en effet, vous avez un soutien.
De la loi qui commande exécuteur fidèle,

Je ne peux voir, agir, ordonner que par elle;
Mais dois-je, de son texte interprète exigeant,
Quand j'accomplis son vœu, moins qu'elle être indulgent?
Je vais vous obtenir, je m'en flatte, et sur l'heure,
Pour gardien votre ami, pour prison sa demeure:
Vous n'êtes point encor prisonnier sur sa foi;
Soyez-le sur la vôtre.

FORLIS.

On peut compter sur moi.
A quelqu'avis, monsieur, que le comité passe,
Forlis souscrit à tout, mais ne veut point de grace.

VERSAC.

Quel noble procédé!.... je ne l'attendais pas.

L'OFFICIER.

Vous aviez tort, monsieur. Nos citoyens-soldats
Ont tous le même cœur, avec le même zèle.
Ces cœurs n'admettent point une vertu cruelle.
Leur courage s'allie avec l'humanité;
Et, chez nous, le malheur est toujours respecté.

(Forlis et Versac rentrent dans l'appartement,
l'officier sort.)

FIN DU TROISIÈME ACTE.

ACTE QUATRIÈME.

SCÈNE I.

DUBRISSAGE, FILTEAU.

FILTEAU.

Monsieur, encore un coup, vous me l'accorderez.

DUBRISSAGE.

Non, cela ne se peut.

FILTEAU.

Nous verrons.

DUBRISSAGE.

Vous verrez.

FILTEAU.

Je ne vous quitte pas, que de vous je n'obtienne....

DUBRISSAGE.

Veux-tu suivre ma marche? il faut changer la tienne,
Mon cher Filteau.

FILTEAU.

Forlis n'est point coupable.

DUBRISSAGE.

Oh! non.

FILTEAU.

Sa fermeté, monsieur, son sang-froid m'en répond.

DUBRISSAGE.

La peste! Quel esprit profond! Je me prosterne!...

Si nous n'avions ici qu'un traître subalterne,
Un mince conjuré, bon! par exemple.... toi,
Nous eussions, dans ses yeux, vu des signes d'effroi...
Mais Forlis!

FILTEAU.

Il n'est pas coupable, je le gage.

DUBRISSAGE.

Et la liste?

FILTEAU.

La liste?... Eh bien! cet assemblage
De noms, tous inconnus, peut bien être innocent.

DUBRISSAGE.

Innocent! Soudoyer un parti mécontent!
Tudieu! quelle innocence! Ensuite, le mystère!

FILTEAU.

Qu'il soit coupable ou non, avez-vous dû vous faire
L'ordonnateur caché des ressorts qu'aujourd'hui
Un Laroche, sous vous, fait mouvoir contre lui?

DUBRISSAGE.

Des éclats contre moi! contre le journaliste!
Je vous ai vu naguère un peu moins formaliste.

FILTEAU.

Épargnez-moi ma honte.

DUBRISSAGE.

A vous parler sans fard,
Vous vous convertissez, mon cher, un peu trop tard.
Sachez, l'expérience au moins le persuade,
Que jamais vers le bien l'homme ne rétrograde.
Sachez qu'un scélérat, mais grand, mais prononcé,
Vaut mieux que l'être nul, dans son néant fixé,
Honnête sans vertu, criminel sans courage,
Et qu'il faut être, enfin, Forlis ou Dubrissage.

4.

FILTEAU.

Les nobles sentiments!

DUBRISSAGE.

Prenez votre parti;

D'honneur, vous aurez beau jouer le converti;
Dans un cœur corrompu ces révoltes sont vaines.
Un feu contagieux circule dans vos veines;
La fièvre des honneurs, des rangs et des succès,
Ravage votre sang brûlé de ses accès.

FILTEAU.

Reprenez ces honneurs qu'avec vous je partage:
J'achète trop, monsieur, leur funeste avantage.

DUBRISSAGE.

Vous serez sans ressource.

FILTEAU.

Oui.

DUBRISSAGE.

Car vous n'existez...

FILTEAU.

Que par le crime, hélas!

DUBRISSAGE.

Et si vous me quittez,

Que vous reste-t-il?

FILTEAU.

Rien.... pas même l'innocence.

DUBRISSAGE.

J'ai voulu faire en vain de vous une puissance.
Ce beau gouvernement du Maine est bien tentant!...
Mais la richesse nuit au zèle repentant,...
Allons, réfléchissez, avant que rien n'éclate:
Monsieur l'homme de bien, encor de fraîche date,
La vertu vaut son prix; mais vous la payez chèr...
Tenez, j'ai malgré vous, pitié de vous, mon cher.

Du néant obstiné, qui toujours vous réclame,
J'ai retiré vos pas, sans retirer votre ame;
Vous êtes mon ouvrage, et, sans vous irriter,
Je ne rappelle pas cela pour me vanter...
Qu'est-ce que ton remords, Filteau? faiblesse pure!
Et je veux t'en convaincre; écoute : la nature,
Sur notre pauvre globe, où le sage et le fou
Passent comme l'éclair et vont je ne sais où,
Dans ses œuvres jamais n'eut qu'un but : c'est la vie.
Pourvu qu'au mouvement la matière asservie,
Dans son cours productif roule éternellement;
Elle vit, elle enfante, il n'importe comment.
Que les trônes, croulant dans l'océan des âges,
S'abîment illustrés par d'immortels naufrages;
Qu'en ce flux et reflux les peuples entraînés
Consomment leurs destins, absous ou condamnés;
Ainsi l'a résolu l'inflexible puissance
Qui, des gouvernements agitant la balance,
A son gré les élève, ou les brise à son gré.
Qu'importe qu'un débris me serve de degré!
Dans ces renversemens j'admire la nature.
L'édifice est entier sous une autre structure :
Rien ne se perd, s'éteint, tout change seulement.
L'on existait ainsi, l'on existe autrement.
Le soleil luit toujours; sa chaleur épandue
D'esprits vivifiants embrase l'étendue;
Et les pauvres mortels, qu'ils soient méchants ou bons,
Vivent également au feu de ses rayons.

FILTEAU.

Bien. Confondez toujours dans vos affreux systêmes,
La cause et les effets; rapprochez les extrêmes,
Tous ces grands résultats, ce désordre apparent
De l'ordre universel la marque et le garant,

Tous les maux, tous les biens...

DUBRISSAGE, *l'interrompant.*

J'en voulais donc conclure
Qu'avec son beau sang-froid, cette aveugle nature,
Nous laisse aller le monde à-peu-près comme il veut,
Ou, pour mieux m'exprimer, à-peu-près comme il peut.
Donnons le mouvement, si nous pouvons, nous-mêmes;
Prenons le sceptre, osons ceindre les diadêmes;
Poursuivons, combattons, perdons nos ennemis;
L'ordre du monde en rien n'en sera compromis.

FILTEAU.

Donc rien n'est bien?

DUBRISSAGE.

Ni mal.

FILTEAU.

Conséquence bien triste!
Qui veut faire le bien reconnaît qu'il existe.
L'honnête homme jamais ne rentre dans son cœur,
Sans croire à la vertu, sans en bénir l'auteur;
Du monde il ne parcourt la chaîne universelle
Que pour admirer mieux la sagesse éternelle,
Qui traça, pour chacun de ces êtres divers,
La loi qui le rattache aux lois de l'univers;
Et, des perfections de cet accord suprême,
En conclut qu'il se doit d'être parfait lui-même:
Mais le mortel pervers, se cherchant dans autrui,
Veut par-tout retrouver le mal qu'on blâme en lui;
Ou plutôt ses discours, dont il sent l'imposture,
Pour tromper son remords, blasphèment la nature.

DUBRISSAGE.

Crois-tu me réfuter?

FILTEAU.

Vous réfuter! Pourquoi?

Il faudrait supposer que vous ajoutez foi
A vos principes vains; et que sert d'y répondre,
Quand un mot, un seul mot, suffit pour vous confondre?..
Jetez les yeux par-tout : l'ordre de l'univers
Ne les détruit-il pas ces arguments pervers,
Qui rendent au hazard, anarchique puissance,
L'œuvre que Dieu tira de son intelligence?
Vous réfuter! moi-même en ai-je le pouvoir?
Les secrets de là-haut surpassent mon savoir :
Pénétrez-les tout seul : pour moi, la providence
Ne m'a pas, comme vous, mis dans sa confidence...
Je sais bien qu'au besoin je pourrais tout nier,
Douter de Dieu lui-même, ou le calomnier.
Nier tranche le nœud; *calomnier* dispense
Envers le bienfaiteur de la reconnaissance :
Mais mon peu de savoir, mon faible jugement,
Selon moi, contre Dieu n'est pas un argument;
Car, enfin, entre nous, quoiqu'incompréhensible,
Son être, son pouvoir n'en est pas moins sensible;
Malgré mon ignorance, et votre grand savoir,
Il n'en fera pas moins éclater ce pouvoir,
Éclater ses bienfaits sur tous..... et sur vous-même
Qui les reconnaîtrez par un nouveau blasphême.

DUBRISSAGE.

Adieu, mon bon Filteau.

FILTEAU.

        Malheureux, arrêtez.
Voyez sur quel écueil, ô ciel! vous vous jettez!
Quel combat inégal!... d'un côté, l'assurance
Que montre, à tous les yeux, le front de l'innocence;
De l'autre, l'embarras de la duplicité,
De l'astuce qui lutte avec la loyauté!...
Vous êtes perdu!

DUBRISSAGE.

Soit : mais ce seul mot décide :
Un homme tel que moi vit et meurt intrépide,
Tente tout, risque tout, ne sait jamais trembler ;
Ne craint rien, en un mot.... que de vous ressembler.
Adieu, Filteau....

(*Il sort.*)

SCÈNE II.

FILTEAU, SEUL.

Quel homme ! Hélas ! quel caractère !
Fatal entêtement !... que résoudre.... que faire ?
Sauver Forlis ? Comment ? puis-je, vil délateur,
Tout scélérat qu'il est, trahir mon bienfaiteur ?
A mes yeux égarés par une longue ivresse,
La trahison toujours parut une bassesse ;
Elle doit l'être encore, et le nœud des bienfaits
Ne peut être rompu, même au sein des forfaits....
Forlis vient !.... Je ne puis soutenir son approche :
Sa présence à mon cœur fait un secret reproche ;
Chez madame Versac entrons pour l'éviter.

(*Il sort.*)

SCÈNE III.

FORLIS, VERSAC.

VERSAC.

Un moment avec moi daignez vous arrêter.
Lorsqu'un soin domestique occupe encor ma femme,

Je veux vous parler seul ; il faut m'ouvrir votre ame.
Dites-moi tout, Forlis..

FORLIS.

Eh quoi, tout ?.... Vous donnez
Dans ces bruits de complots !.... Récits imaginés....

VERSAC.

Ah ! niez, c'est fort bien : quoique je sois crédule,
Je ne le serai pas jusques au ridicule.
Je le dis franchement : ce refus de parler
Redouble mes soupçons : pourquoi dissimuler
Avec moi, votre ami ? Tenez, un gentilhomme
Est toujours gentilhomme au fond du cœur ; et, comme
Je l'ai dit mille fois, l'amour-propre chez nous,
Autant que l'habitude est tyran de nos goûts....
Ces éloges pompeux, dont vous fêtiez sans cesse
La révolution, n'étaient qu'une finesse ?....
A présent que j'y songe, oui, depuis quelques temps,
Vous couvez-là, monsieur, des secrets importants ;
Je m'y connais.

FORLIS.

Beaucoup.

VERSAC, avec finesse et satisfaction.

Que je vous envisage,
Mon cher conspirateur ! Le voilà ce voyage
Entrepris, disiez-vous, pour visiter vos champs !
Visiter vos papiers, et méditer vos plans,
C'est le mot, le secret !.... Moi ! m'avoir fait sa dupe !

FORLIS.

C'est étonnant !

VERSAC.

Pour vous cette affaire m'occupe ;
Mais, sans m'inquiéter : vos ennemis jaloux
Ne seront pas de taille à lutter contre vous.

Dans leurs pièges vraiment ils n'ont qu'à vous attendre!
Oh! vous n'êtes pas homme à vous y laisser prendre.
Si vous avez mûri quelque utile projet,
Bien fin qui vous pourrait tirer votre secret.
Laissez-moi, mon ami, me réjouir d'avance :
Ainsi donc un seul homme, un Forlis à la France
Va rendre son éclat, au roi tout son pouvoir,
Aux nobles tous leurs droits! Nous allons donc r'avoir
Nos titres, et nos rangs, et nos prérogatives!....

FORLIS.

Ce que c'est que d'avoir les conceptions vives!

VERSAC.

Mais, j'ai droit d'accuser votre froide amitié :
Versac dans vos périls n'est pas mis de moitié!
C'est une perfidie!....

FORLIS, riant.
Entière, décidée.

VERSAC.

Sans doute : j'avais là plus d'une bonne idée,
Plus d'un aperçu juste, utile, lumineux,
Dont, malgré vos grands airs, monsieur le dédaigneux,
Vous pouviez profiter, d'après leur importance....
Mais, voyons : contez-moi vos plans, votre espérance :
Nous rétablissez-vous, dans son intégrité,
Le pouvoir souverain ? le vouloir limité,
C'est ne le vouloir pas, et qui dit roi, dit maître.
Celui qui veut la loi n'a point à s'y soumettre.
Après le roi, c'est nous : nous sommes ses bras droits.
Or, à côté du trône il faut placer nos droits,
Stables, illimités, non moins que ceux du trône,
Indépendants pourtant des droits de la couronne.

FORLIS.

En sorte que du roi le pouvoir absolu

Ne s'exerce qu'autant que nous l'aurons voulu ;
N'est-ce pas?

VERSAC.

C'est cela.

FORLIS.

Que le peuple obéisse,
Qu'il paie et soit content, qu'à tout il applaudisse,
Qu'il amasse pour nous, lorsque nous dépensons,
Qu'il se prive de tout lorsque nous jouissons,
C'est son lot, n'est-ce pas?

VERSAC.

Monsieur, vous pensez rire?
Et pourtant le passé doit assez vous redire,
Qu'un peuple n'a jamais été plus fortuné
Que lorsque son bonheur n'était pas raisonné.
On a trop éclairé la classe roturière....
Éclairé, je m'entends, d'une fausse lumière
Qui, trompant son esprit, ne fait que l'égarer.
Le plus simple bon sens savait mieux l'éclairer.

FORLIS.

Je le suppose, il faut s'arrêter où nous sommes ;
Car il ne s'agit pas, pour bien juger les hommes,
De voir s'ils seraient mieux, étant tout autrement :
Nous avons à juger les hommes du moment.
Voulant nous reporter aux siècles de nos pères,
Ne heurtez pas de front nos torts ou nos lumières.
La force ne vaut rien ; elle dérange tout.
La persuasion est plus de notre goût.
S'il faut le dire encor : le temps est un grand maître,
Et le plus obstiné finit par s'y soumettre.
Attendez tout du temps : pour tout en obtenir,
Laissez, sans rien brusquer, s'avancer l'avenir ;
Il semble qu'il recule alors qu'on le devance :

Le sage marche au but, où le fou seul s'élance.
J'entre dans votre sens....

SCÈNE IV.

FORLIS, VERSAC, un DOMESTIQUE, accourant
d'un air effrayé.

LE DOMESTIQUE, à *Forlis.*

Monsieur, votre intendant,
Le front pâle, les yeux égarés, à l'instant,
Pour vous parler, accourt plein de frayeurs mortelles.

FORLIS.

Que s'est-il donc passé?

VERSAC.

Quelques horreurs nouvelles:
En doutez-vous?.... Qu'il entre.

SCÈNE V.

FORLIS, VERSAC, BÉNARD.

BÉNARD.

Ah! monsieur!

FORLIS.

Quel effroi!

BÉNARD.

Pardon, je n'en puis plus;

FORLIS.

Remettez-vous.

BÉNARD.

Je croi
Que tous ces furieux me poursuivent encore.

FORLIS.

Des furieux ! Parlez : Qui sont-ils ?

BÉNARD.

Je l'ignore.

Des monstres qu'on croirait échappés des enfers,
Étincelant de feux, tout hérissés de fers,
Et dont l'aspect féroce, inspirant les alarmes,
Semble plus meurtrier que leurs feux, que leurs armes;
Ont forcé votre hôtel *. Sous vos toits embrasés,
Meubles, glaces, tableaux saccagés ou brisés,
Tout périt consumé par la flamme rapide,
Ou sert de récompense au brigandage avide.

VERSAC.

Les scélérats !

BÉNARD.

Monsieur, ils n'ont rien respecté.

VERSAC.

Ses gens ne pouvaient-ils dans cette extrémité....?

BÉNARD.

Rien... rien... Pour moi, monsieur, affrontant l'incendie,
Sur les ais menaçants, d'une marche hardie,
Je me suis avancé vers le détour secret
Dont l'issue aboutit à votre cabinet :
Les brigands et la flamme en respectaient la porte.
Pour prendre vos papiers aussitôt je m'y porte;
Je n'avais qu'un moment, un seul, je l'ai saisi.
Mais je n'ai pu sauver qu'un carton.... le voici.

(*Il le lui remet.*)

FORLIS.

Quelle perte de biens que ce trait ne compense !
Je ne vous parle pas, Bénard, de récompense :

---

* Rappelle le feu mis à l'hôtel de Castries.

La plus digne de vous, le prix le plus flatteur,
N'est pas dans mes trésors, il est dans votre cœur.....
Bénard, aucun des miens, défendant mon asyle,
N'est-il blessé du moins?

BÉNARD.

Aucun.

FORLIS.

Je suis tranquille.
(*Il fait un signe à Bénard qui se retire.*)

SCÈNE VI.

VERSAC, FORLIS.

VERSAC, après un moment de silence.

Vous rêvez?.... Votre esprit d'un jour nouveau frappé,
De ses illusions sans doute est détrompé?....
Le voilà donc, enfin, ce merveilleux ouvrage!
Voilà ces belles lois, ces droits du premier âge,
Du bonheur des états éternels fondements!
Qu'ont-ils produit? Le meurtre et les embrasements....
Vous vous taisez!....

FORLIS.

Forlis ne doit pas se dédire;
Le sort à cet affront ne pourra me réduire,
D'aller par l'intérêt, par la peur converti,
Me donner à-moi-même un honteux démenti;
De tomber, comme vous, dans ce fâcheux extrême
Qui fait qu'un sentiment n'est plus rien qu'un système.
Voyez votre logique : un ramas de brigands
Est armé contre moi par quelques intrigants :
Que prouvent leurs fureurs, au moment où nous sommes?
Parlons franchement : rien, sinon qu'il est des hommes

Qui, du retour de l'ordre en secret consternés,
De qui le rétablit sont les ennemis nés.
Je combats leur licence; il faut bien que j'expie
L'attaque que je livre à cette race impie :
Ils font guerre pour guerre; en ce conflit fâcheux,
Mon malheur est d'avoir bien plus à perdre qu'eux :
Mais puisque cet échec que reçoit ma fortune
Ne porte aucun dommage à la cause commune,
Je n'irai pas confondre et le bien et l'excès;
Et, lorsque l'excès blesse, au bien faire un procès;
Car c'est une injustice à nulle autre seconde,
Lorsqu'un seul a failli, d'accuser tout le monde;
Et....

VERSAC.

L'outrage public que l'on fait à vos droits.....

FORLIS.

Est le crime d'un homme, et non celui des lois.

VERSAC.

Vous avez un sang-froid qui me met au supplice.

FORLIS.

De vos emportements dois-je être le complice?

VERSAC.

Je suis un factieux, de son prince ennemi!...

FORLIS.

Non : la France n'a pas de plus sincère ami,
Le prince de sujet plus zélé, plus fidèle;
Mais vous n'ignorez pas qu'on nuit par trop de zèle.
Le vôtre, le dirai-je? est sans règle et sans frein.
Nous vous voyons pousser les droits du souverain
Plus qu'il ne veut lui-même, au-delà des limites
Qu'il s'est, dans sa sagesse, à lui-même prescrites;
Comme si, de ses droits seul arbitre aujourd'hui,
Vous en connaissiez mieux les limites que lui;

Mieux instruit que celui qui porte la couronne,
De ce qu'il faut de force et de splendeur au trône!
Laissez votre chimère, et gardez, croyez-moi,
D'être plus royaliste, en France, que le roi.

VERSAC.

Fort bien! je vous comprends : ce nom de royaliste
Est un terme poli qui veut dire anarchiste?...

FORLIS, *gaiement.*

Anarchiste, du moins, à bonne intention.

VERSAC.

Je suis, à vous entendre, un homme à passion,
Partisan des excès.....qu'on reproche à nos pères;
Je n'aime pas, du moins, les excès populaires.
Vous, vous les excusez : on brûle votre bien,
On vous vole, on vous pille, et vous le trouvez bien!
Passons : soyez, monsieur, ce que vous voulez être :
Vous êtes innocent; l'on vous transforme en traître;
Au mieux! ardent ami des principes nouveaux,
Excellent citoyen, vos frères, vos égaux,
Tous les bons citoyens vous préparent des chaînes,
Bientôt, vont ravager vos femmes, vos domaines;
Riche, vous serez pauvre : Après? Est-ce un grand mal?
Bon! La fortune? abus! L'or? fi donc! vil métal!
L'ordre naît du désordre; aussi, je suis tranquile.
Encor deux ou trois ans de ce désordre utile,
Et la faux du bon peuple aura passé par-tout;
Et vous serez servi, j'espère, à votre goût.

FORLIS.

Vous n'avez pas en vous ce qu'il faut pour m'entendre;
Ou vous faites exprès de ne me pas comprendre;
Car, vous n'en doutez pas : comme vous, mon ami,
J'aime, je veux des lois; j'ai, plus que vous, gémi
D'en voir tous les ressorts naguères se détendre;

Mais, du mépris des lois, aux lois doit-on se prendre?
Tout le mal vient de ceux qui s'en font les soutiens;
Accusez les agents, et non pas les moyens.
N'accusez pas non plus le peuple; la justice
De vos préventions veut l'entier sacrifice :
Car le peuple n'est pas dans tous ces désœuvrés,
A la mollesse, au vice, à l'intrigue livrés;
N'est pas dans cette oisive et stupide cohue
A qui manque, au moral, et l'ouïe et la vue;
Qui, n'ayant rien en propre et qui, brûlant d'avoir,
Vole à tous les dangers, sur la foi d'un espoir.
Le vrai peuple est tout autre : il tient de ses ancêtres,
Son respect pour les lois, son amour pour ses maîtres :
C'est un double héritage, où sa soumission
Trouve tout-à-la-fois repos, protection....

VERSAC.

Nous parlerions cent ans, sans pouvoir nous entendre;
Ainsi, laissons cela.

FORLIS.

Soit.

VERSAC.

Mais daignez m'apprendre
Ce qu'en cet embarras vous comptez faire?

FORLIS.

Rien.
Attendre en paix chez vous, Versac, il le faut bien;
Un ordre, vous savez, me tient captif.

VERSAC.

Sans doute :
Mais il est d'autres coups que l'amitié redoute.
Ne pourrais-je, Forlis, connaître quels papiers
Bénard vous a sauvés des flammes?

5

FORLIS.

Volontiers.

(*Il les examine.*)

Parcourons-les ensemble... Attendez... Ce cher homme!
Voici plusieurs effets d'une assez forte somme....

VERSAC.

C'est un vol, entre nous, que vos soins obligeants
Devraient restituer à ces honnêtes gens.

FORLIS.

Mais ceci vaut bien mieux.

VERSAC.

Vos titres de Noblesse?

FORLIS.

Non, non.... c'est un écrit qu'il faut que je vous laisse;
Car, bien que ces papiers au fond soient innocents,
On saurait, avec art donnant l'entorse au sens,
Les tourner contre moi: je puis vous les remettre,
Bien sûr qu'ils ne pourront en rien vous compromettre.

VERSAC.

Donnez, je ne crains rien.

FORLIS.

Attendez, ce matin,
Bénard m'en a remis encore un au jardin:
Je l'ai, je m'en souviens, serré dans mes tablettes;
Je vais vous livrer tout.

VERSAC.

J'ai deux ou trois cachettes,
D'où le diable viendra, s'il peut, les enlever.

FORLIS, *cherchant avec inquiétude.*

Oh! oh!

VERSAC.

Dépêchez donc.... qu'avez-vous à rêver?

FORLIS.

Je ne le trouve pas.

VERSAC.

Bon! autre alarme encore!
Cherchez donc bien...

FORLIS.

J'ai beau les retourner, j'ignore
Ce que j'en ai pu faire.

VERSAC.

Ah! Dieu!

FORLIS.

Point de souci....
Un moment.... Ce matin.... Ah! tout est éclairci!
Bénard me l'a remis au jardin où je tremble
De l'avoir oublié.

VERSAC.

Venez, courons ensemble;
En cherchant....

FORLIS.

Inutile! il est bien temps, ma foi!
J'ai vu le journaliste y rôder après moi.

VERSAC.

Ah! vous êtes perdu!

FORLIS.

Non, point d'inquiétude :
Mais me voilà guéri de mon incertitude.
Oui, tout est éclairci; je sais tout, je vois tout;
Et ce sont ces messieurs qui m'ont porté le coup.

VERSAC.

Mais, enfin, cet écrit cache-t-il un mystère
Qui....

FORLIS.

Je puis à présent cesser de vous le taire...
Vous saurez :.... Avant tout, l'autre m'étant ravi,
Je dois tenir sur moi ce papier....

5.

VERSAC.

Le voici.

FORLIS.

Sachez....

SCÈNE VII.

VERSAC, FORLIS, Madame VERSAC, FILTEAU.

MADAME VERSAC.

Nous accourons, je suis toute saisie!

VERSAC.

Comment?

MADAME VERSAC.

Qu'allons-nous faire?

VERSAC.

Expliquez, je vous prie,

Ce grand effroi.

MADAME VERSAC.

Monsieur, qu'allons-nous devenir?

VERSAC.

Allons, des cris encor! c'est à n'en plus finir!

FILTEAU.

Monsieur, un de vos gens arrive plein d'alarmes :
Il a, dans son chemin, vu des hommes en armes ;
Ils accourent, dit-il : ces flots de furieux
Se grossissent encore, en roulant vers ces lieux.
(*A Forlis.*)
Fuyez, monsieur.

MADAME VERSAC.

Je tremble, ah Dieu!

FORLIS.

Calmez votre ame :

C'est moi, ce n'est que moi qu'on cherche ici, madame.
Pour vous moins exposer, je cours au devant d'eux.

VERSAC.

Non, restez : notre honneur nous enchaîne tous deux.
J'ai répondu de vous ; je tiendrai ma parole :
Forlis, de l'amitié commence ici le rôle.
L'esprit nous divisa, le cœur nous met d'accord.
Versac va partager ou changer votre sort.
J'aurais trop à rougir, si, d'une ame commune,
J'abandonnais l'ami, que trahit la fortune.
Restez ; ces murs, du moins, pourront vous protéger.

FORLIS.

Je ne redoute point un courroux passager.
Je puis d'un cœur tranquille affronter leur présence :
La crainte est pour le crime, et non pour l'innocence.

VERSAC.

Du moins, en quelque endroit que vous portiez vos pas,
Vous savez qu'un ami ne vous quittera pas.

MADAME VERSAC.

J'oubliais : on a vu ces hommes pleins de rage
Courir vers la maison de monsieur Dubrissage,
L'accuser, à son tour, d'infames trahisons,
Supposer entre vous de sourdes liaisons,
L'appeler votre ami, même votre complice,
Et vous envelopper dans la même injustice.

FORLIS.

Mon ami ! ce trait-là, sans doute, est le dernier.
C'était le seul affront qui pût m'humilier.
Cet homme, mon ami !

SCÈNE VIII.

VERSAC, FORLIS, Madame VERSAC, FILTEAU,
DUBRISSAGE.

FILTEAU, *à part, l'apercevant.*
Que vois-je? Dubrissage!

VERSAC.

Quoi! Cet homme, à cette heure!

FORLIS.
Est-ce un nouvel outrage?

FILTEAU, *à part.*

Que veut-il?

DUBRISSAGE, *avec calme, après avoir regardé tout*
le monde.
Mon abord vous surprend, je le voi.

FORLIS.

Que voulez-vous, monsieur?

DUBRISSAGE, *avec mystère.*
Vous sauver.

FORLIS.

Qui? vous?

DUBRISSAGE.

Moi.

Trop heureux si je puis, enfin, par ce service,
Vous faire revenir d'une grande injustice,
Et forcer votre esprit, contre moi prévenu,
De confesser tout haut qu'il m'avait mal connu.

FORLIS.

Oh! je vous ai, monsieur, trop bien connu, peut-être :
Mais, ne désirant pas, enfin, vous mieux connaître,

Je n'accepterai pas vos soins officieux,
Que je n'ai pas voulu nommer injurieux.
Reprenez vos faveurs; gardez-moi votre haine,
Mais franche, mais ouverte, et non plus souterraine;
Qu'elle éclate au grand jour : en me cachant vos coups,
Vous semblez trop, monsieur, vous défier de vous.

DUBRISSAGE.

Mais la haine, monsieur, n'interdit pas l'estime.
Sauver son ennemi n'a rien de si sublime,
N'est pas un tel effort que vous dussiez m'ôter
Jusqu'au facile honneur de vouloir le tenter!
En sauvant la personne, on sauve le mérite;
Et c'est le double objet, monsieur, de ma visite.
Sauf à reprendre après tous nos anciens débats,
Acceptez mon secours.

FORLIS.

Je ne l'accepte pas.

DUBRISSAGE.

Mais écoutez, par grâce; après, vous serez maître
D'agréer ce service, ou de le méconnaître.....
Écoutez...

VERSAC.

Écoutons, Forlis.

DUBRISSAGE.

On vous poursuit.

Le peuple, je l'ignore, équitable ou séduit....

FORLIS.

Séduit, vous le savez.

DUBRISSAGE.

Dans sa fougue excusable,
De je ne sais quels torts vous suppose coupable.
Le croiriez-vous? moi-même en butte à sa fureur,
J'ai failli payer cher une flatteuse erreur.

Dans quelques mots sur vous, où parlait mon estime,
On crut voir un complot, un véritable crime.
Ce peuple, à ses soupçons se laissant emporter,
M'accusa d'un honneur.... que je veux mériter,
Disant que ces dehors d'inimitiés factices
Étaient un voile adroit qui cachait deux complices.

FORLIS.

Monsieur, j'attends la fin : pourriez-vous abréger ?

DUBRISSAGE.

Cet orage, sur moi, n'était que passager.
« Amis, leur ai-je dit, vous devez me connaître :
« Je vous livre Forlis, si Forlis est un traître ;
« Mais je dois le laver d'un soupçon offensant,
« Si, comme j'en suis sûr, Forlis est innocent.
« Amis, je vais le voir ; Amis, je vous l'amène ;
« Il n'a pas, croyez-moi, mérité votre haine. »
Je dis, et je les quitte, et j'accours ; hâtons-nous :
Profitons du moment qui retient leur courroux.
Fuir, vous cacher ici, tentative inutile,
Et qui de vos amis exposerait l'asyle.

FORLIS.

Ces moyens seraient vils ; je n'en veux prendre aucun
Qui soit...

DUBRISSAGE.

Pour vous sauver, sans doute, il n'en est qu'un.
De ce public amour, que la faveur me donne,
Protégeons, entourons, couvrons votre personne.
Ma présence est, pour vous, le plus sûr bouclier ;
Et nous montrer unis, c'est vous justifier.
Tout ce peuple, pour moi, plein de reconnaissance,
Dans cette liaison va voir votre innocence.
Sans regarder la main, acceptez le secours :
Devenez mon ami, pour conserver vos jours :

Je bornerai, monsieur, la grace que j'envie
A ce qu'il faut de temps pour sauver votre vie.

FILTEAU, *à part.*

Quel changement! O ciel! est-ce une illusion,
Ou d'un génie affreux la noire invention?

VERSAC, *à Dubrissage.*

Monsieur, votre démarche est généreuse et belle.
(*A Forlis.*) _
Allons, marchons, Forlis.... ne soyez pas rebelle.

FORLIS, *après une pause.*

Non, Versac, j'irai seul.

VERSAC.

Forlis, vous résistez!

DUBRISSAGE.

Mais vous êtes perdu, monsieur....

FORLIS, *le considérant d'une manière énergique.*

Vous insistez!

Ce pouvoir sur le peuple, (inexprimable injure
Faite au prince, à nos lois!) si sa source était pure,
Je l'eusse reconnu, je l'eusse révéré;
Recevant vos secours, je m'en fusse honoré.
« Tout un peuple, pour vous plein de reconnaissance,
« Dans notre liaison verra mon innocence?
« Votre présence, enfin, sera mon bouclier,
« Et nous montrer unis, c'est me justifier? »
A merveille, monsieur! pour qu'on puisse vous croire,
Il faut, une autre fois, montrer plus de mémoire.
Vous avez oublié, mais bien étourdîment,
Ce grand courroux du peuple et son ressentiment,
Quand, trompé, disiez-vous, sur notre intelligence,
Il venait, chez vous même, en demander vengeance.
Comment cette fureur, que produit le soupçon,
Bien affligeant pour moi, de notre liaison,

Va-t-elle s'apaiser, quand, par votre présence,
De notre liaison il aura l'assurance?...
Pour l'honneur de moi-même et de l'humanité,
Je laisse vos secrets dans leur obscurité.
Ce mot en dit assez, et doit vous faire entendre
Que l'on comprend trop bien ce qu'on craint de comprendre.
Restez.

DUBRISSAGE.

Monsieur...

FORLIS, *avec force.*

Restez... Vous tous, veillez sur lui.
Sauvez-moi, cher Versac, l'affront d'un tel appui.

DUBRISSAGE.

Non, je veux vous prouver...

FORLIS, *avec plus de force.*

Restez... Je vous refuse;
Et, s'il faut vous le dire, enfin, je vous accuse.

VERSAC.

Je vous suivrai donc seul.

FORLIS, *avec vivacité.*

Non, ne le quittez pas.
Empêchez, mon ami, qu'il ne suive mes pas.
Répondez-moi de lui dans ce péril extrême;
Je vous réponds, après, du peuple et de moi-même.

(*Il s'échappe.*)

SCÈNE IX.

VERSAC, Madame VERSAC, FILTEAU,
DUBRISSAGE.

VERSAC.

Que va-t-il devenir?... Forlis!... Cris superflus!

Forlis!... Ah! c'en est fait; nous ne le verrons plus!
  (*A Dubrissage.*)
Monsieur, vous resterez... Monsieur, je ne puis croire
Ce qu'il pense de vous.... L'ame est-elle assez noire
Pour...

DUBRISSAGE.

  Le malheur, sans doute, à ses yeux reproduit
Ce rêve d'un complot qui toujours le poursuit.

VERSAC, *à Filteau.*

Vous, monsieur, au dehors, informez-vous, de grace.
Je brûle de savoir, et crains ce qui se passe.
  (*Ils rentrent par la porte du milieu. Filteau prend
  le chemin par lequel est sorti Forlis.*)

FIN DU QUATRIÈME ACTE.

ACTE CINQUIÈME.

SCÈNE I.

DUBRISSAGE, *seul, dans l'agitation.*

Voyez-moi ce Filteau! Toute une heure mortelle
Sans rentrer!... Que fait-il?... Quoi! pas une nouvelle!
Trois laquais sont partis, rien n'arrive... O tourment!...
Ce Forlis a pensé m'imposer un moment.
C'est la première fois, depuis que je conspire,
Qu'un homme a, sur mes sens, su prendre cet empire.
Filteau l'a bien connu.... Quel est donc ce Forlis
Qui sait juger mon ame à travers ses replis?....
J'ai cru qu'il me suivrait.... C'était le coup de maître!
Le diable, après cela, n'eût pu s'y reconnaître.
Ma présence écartait le soupçon loin de nous,
Rassurait nos agents, affermissait leurs coups;
Ou, s'il en réchappait.... contre toute apparence,
C'est à moi qu'il croyait devoir sa délivrance :
N'ayant pas pu le perdre, au moins j'avais l'honneur
De passer à ses yeux pour son libérateur.... -
O maudit contre-temps!... J'entends du bruit!... Personne...
Que faire?.... M'échapper? Déja, l'on me soupçonne :
Fuir, c'est tout confirmer!... Me serais-je mépris?
Dans mes propres filets, Forlis m'aurait-il pris?...
Tenons ferme au surplus, le dénoûment approche;

Qu'ai-je à craindre? Sous moi, j'ai des gens sans reproche,
Sûrs... Nul écrit qui prouve...

SCÈNE II.

DUBRISSAGE, LAROCHE.

LAROCHE.

Ah! je te trouve donc!

DUBRISSAGE.

C'est toi! Que fait Forlis?

LAROCHE.

Je crois son compte bon ;
Ou que, pour l'en tirer, il faudra de l'adresse.
Selon les uns, la foule et l'entoure et le presse :
D'autres trompés peut-être, ou cherchant à tromper,
Assurent que Forlis aura pu s'échapper.
Toutefois, mon ami, l'insurrection roule :
Viens, il faut nous hâter; il faut presser la foule;
Lui souffler notre esprit, et l'égarer si bien,
Qu'elle n'ait plus que nous pour salut, pour soutien :
Suis-moi.

DUBRISSAGE.

Comment? Je suis enchaîné; l'on m'observe.
Oh! je suis obligé d'agir avec réserve....
Si tu savais....

LAROCHE.

D'accord; mais ta présence aussi
Est plus utile ailleurs, qu'elle ne l'est ici.

DUBRISSAGE.

Que se passe-t-il donc ?

LAROCHE.

Tout est au mieux, sans doute,

D'après ce que j'ai vu. Notre armée est en route :
Tanserre la commande ; il s'avance aux flambeaux.
Nuit plus belle pour nous que les jours les plus beaux !
Les faulx, les fers, les feux, le cliquetis des armes,
Les tambours, les tocsins qui sonnent les alarmes,
Les insurgés courant au milieu des *bravos*,
Les marches, les rappels, les cris de leurs rivaux....
C'est un vrai train d'enfer ! L'homme qui vit d'usure
S'enferme, sans compter, sous sa triple serrure ;
Le riche, sans songer lui-même à se sauver,
Cache, cache son or.... qu'on saura bien trouver.

(*Croyant entendre du bruit.*)
Quel moment !... Écoutons...

DUBRISSAGE.

Tout est dans le silence...
Va-t-en.

LAROCHE.

Je te l'ai dit : il nous faut ta présence,
Pour ranimer le peuple.... On l'a bien travaillé,
Mais...

DUBRISSAGE.

Chut !...
(*Il écoute.*)

On se querelle !... Ici, j'ai tout brouillé.

LAROCHE.

Je ne réponds de rien, si tu ne nous secondes,
Tout ce peuple incertain, moins stable que les ondes,
S'en va nous échapper !

DUBRISSAGE.

Paix ! Voici nos époux !
Fuis.... j'irai te rejoindre.

(*Laroche s'échappe par le côté opposé.*)

SCÈNE III.

DUBRISSAGE, VERSAC, Madame VERSAC.

VERSAC.

Excusez mon couroux;
Et plaignez tous les maux où mon ame est en proie.
En ces moments de crise, où l'esprit se fourvoie,
Qui pourrait se flatter, de soi-même vainqueur,
De régler ses discours, d'ordonner sa douleur?
Je vais, je cours par-tout, rempli d'horreurs secrètes,
Redemandant Forlis à ces voutes muettes.
Qui m'apprendra son sort? Ah! ce silence affreux
Redouble la terreur de ce jour douloureux.
O Dieu! Dieu! que je crains!

DUBRISSAGE, *se composant, et avec hypocrisie.*

Cruelle inquiétude!
Et c'est lui qui nous jette en cette incertitude.
Extrémité fâcheuse, où nous ne serions pas
S'il m'eût permis au moins d'accompagner ses pas!
C'était le seul moyen... Mais, que faire, à cette heure,
Et quand l'honneur sur-tout veut qu'ici je demeure?
Vous-même, avez voulu, monsieur, me retenir.

VERSAC.

Pardonnez, si j'ai pu me laisser prévenir....
Le malheur rend injuste... Allons... Sonnons encore...
(*Il va sonner dans la plus grande inquiétude.*)
Quel secret m'apprendra le temps que je dévore?....

MADAME VERSAC, *au laquais qui entre.*
Personne de retour?

LE DOMESTIQUE.

Personne, jusqu'ici.

MADAME VERSAC.

Le quartier?

LE DOMESTIQUE.

Est tranquille à présent, Dieu merci.

MADAME VERSAC.

Vous n'avez rien appris?

VERSAC.

Quoi! rien entendu dire?

DUBRISSAGE.

Sur monsieur de Forlis aucun bruit ne transpire?

LE DOMESTIQUE.

Rien; sinon qu'attaqué par des hommes méchants,
Il a pour lui, dit-on, tous les honnêtes gens :
Mais les honnêtes gens sont de faible défense.

VERSAC, *à Dubrissage, avec l'intérêt le plus vif.*

Si vous avez un cœur au-dessus de l'offense,
Monsieur; si mon ami, contre vous prévenu,
Comme vous l'avez dit, vous avait mal connu;
Eh bien! tirez de lui cette vengeance heureuse,
La seule qui convienne à l'ame généreuse :
Arrachez-le des mains qui poursuivent ses jours;
Malgré lui-même, enfin, prêtez-lui vos secours;
Et, si vous nous servez, ah! mesurez d'avance
Sur un si grand bienfait notre reconnaissance.

DUBRISSAGE.

Que puis-je en sa faveur? Je me suis vu ravir
Et par vous, et par lui, l'espoir de le servir.

VERSAC.

Punissez-nous tous deux, je le répète encore,
Mais par un châtiment, monsieur, qui vous honore.

DUBRISSAGE.

Mais l'honneur veut, monsieur, que je reste; et pourtant
Je ne puis du péril le sauver.... en restant.

VERSAC.

L'honneur veut qu'on le sauve.

DUBRISSAGE.

    Eh bien! je vous immole
Mes scrupules, monsieur; ordonnez, et je vole,
Heureux de ressaisir l'espoir qu'on m'a ravi,
Et qui serait comblé, si Forlis m'eût suivi....
 (*Il va pour sortir et s'arrête au cri de Filteau.*)

SCÈNE IV.

DUBRISSAGE, VERSAC, Madame VERSAC, FILTEAU.

FILTEAU, *à haute voix, de la coulisse.*
Sauvé! sauvé!

VERSAC.

Qui donc?

FILTEAU.

Forlis.

VERSAC.

   Forlis!

FILTEAU.

    Lui-même.

MADAME VERSAC.

O bonheur!

DUBRISSAGE, *à part.*

O revers!

VERSAC.

O justice suprême,

6

Vous l'avez défendu !... Succès inespéré !....
Mais, vous en êtes-vous, monsieur, bien assuré ?
Quel pouvoir si puissant a conjuré l'orage ?
Quel prodige inoui l'a sauvé ?

FILTEAU.

Son courage,

La justice du peuple et son humanité.
Vous m'en voyez de joie encor tout transporté !
Tout ce qu'on vit jamais de bon et d'équitable,
Tout ce qui fut jamais et noble et respectable,
A paru, ce jour même, entre le peuple et lui
Tous deux, ils ont lutté de vertus aujourd'hui.
L'un était digne enfin d'être sauvé par l'autre.

DUBRISSAGE, à part.

Le peuple est son sauveur !... Eh ! quel sera le nôtre ?

FILTEAU.

Je courais sur votre ordre : A peine descendu,
Je trouve en bas Forlis par la foule attendu,
Recueillant ses moyens et son ame en silence.
Un cri s'élève alors : soudain, Forlis s'élance
Seul, quand de nouveaux cris, par mille voix poussés,
Font retentir ces mots, à-la-fois prononcés :
« C'est Forlis !... Oui, dit-il, et vous m'allez entendre ;
« Citoyens, on m'accuse, et vous m'allez défendre.
« Je vais vous révéler un horrible complot....
« Citoyens, écoutez. »—Tout se tait à ce mot.
Il reprend : « Peuple juste et d'un crime incapable,
« L'innocent devant vous s'avance, ou le coupable.
« Voyez, de l'innocent sous vos coups étendu,
« Sur vous et sur vos fils tout le sang répandu !
« Tremblez en frappant l'autre : assassins sacriléges,
« Vous usurpez des lois les sanglants priviléges :
« Ainsi que l'innocent le coupable a ses droits ;

« Et tous les accusés appartiennent aux lois, »
Il dit : on se regarde, on balance, on s'étonne :
Un groupe d'assassins se fait jour, l'environne,
Les poignards sont levés, les coups près de tomber,
Votre ami....

VERSAC.

Juste ciel! Forlis va succomber!

FILTEAU.

Forlis en saisit deux, et terrible il s'écrie :
« J'arrête, au nom des lois, au nom de la patrie,
« Ces lâches meurtriers dont l'indigne attentat
« Blesse à-la-fois le peuple, et les lois, et l'état. »
Forlis, au comité, veut qu'on les lui confronte.
Il marche, il entre : — « Au peuple, à vous, Forlis doit compte,
« Citoyens; je vous somme, en vertu de la loi,
« De lire hautement vos charges contre moi. »
On lit un acte : Aux noms que cet acte rassemble,
On croit voir un complot et les preuves ensemble :
Il reste démontré que, de ses revenus,
Forlis paie en secret cent cinquante inconnus.
Qui sont-ils? dans quel but? et pourquoi le mystère?...
Forlis, toujours fidèle à son grand caractère,
Offre des mêmes noms un écrit rêvetu
Qui, le lavant du crime, atteste sa vertu....
On va lire... un cri part : « Laissez, laissez ces preuves:
« Voici d'autres garants, voici d'autres épreuves,
« Traîtres qui l'accusez, nous voici! » — C'était ceux
Dont les noms sont inscrits en ces actes douteux,
Et qui, ravis au crime ainsi qu'à la misère,
Venaient tous proclamer et défendre leur père.
« Français, le désespoir allait armer nos bras,
« Envers notre patrie, envers le ciel ingrats; »
Disaient-ils. « Ses bienfaits, en nous rendant la vie,

« Ont su nous rappeler qu'il est une patrie,
« Un ciel, refuge ouvert à l'être abandonné,
« Un Dieu soutien du faible et de l'infortuné,
« Qui voulut que ce monde offrît à l'indigence
« Dans l'homme généreux une autre Providence....
« Eh bien! tournez aussi sur nous vos fers sanglants;
« Vous qui frappez un père, ah! frappez ses enfants!»...
Le peintre, l'orateur n'ont qu'un art infidèle
Pour rendre ce tableau d'ivresse universelle.
C'est d'abord un muet et long étonnement;
Puis, des cris d'allégresse et d'attendrissement.
Ses ennemis sont morts; son jour enfin commence :
Et l'accusé plus grand, que presse un peuple immense,
De respect, et de joie, et d'amour entouré,
Paraît être un vainqueur du triomphe honoré.

VERSAC, *avec un sentiment de bonheur.*
Il est tombé le poids qui pesait sur mon ame.

MADAME VERSAC.
J'entends Forlis, je crois.

FILTEAU.
C'est lui-même, madame.

SCÈNE V.

VERSAC, Madame VERSAC, DUBRISSAGE, FILTEAU, FORLIS, BÉNARD; SUITE DE DOMESTIQUES.

VERSAC, *se jetant dans ses bras.*
Forlis!

DUBRISSAGE, *sur le bord du théâtre.*
Quel embarras!

VERSAC.

Forlis, est-ce bien vous?

FORLIS.

Mon ami!... ce moment est encor le plus doux!
Oui, je viens d'obtenir une belle victoire :
Mais je n'eus de bonheur que celui de la gloire;
Et je sens, dans vos bras, dont Forlis est lié,
Que la gloire n'est rien auprès de l'amitié....
(*Apercevant Dubrissage.*)
Quel homme vois-je ici?

DUBRISSAGE, *à part.*

Soutenons mon audace.

FORLIS.

Osez-vous bien encor me regarder en face?

DUBRISSAGE.

Pourquoi non?

MADAME VERSAC, *à Forlis.*

Quel discours!

FORLIS.

Voici mon assassin.
Il se dit mon ami pour me percer le sein.
Sous ce manteau sacré, de ses regards avides,
Il venait diriger le fer des homicides;
Il commanda ma mort; et, pour mieux l'assurer,
Lui-même, à ses bourreaux, il voulut me livrer.

VERSAC.

O scélérat!

FILTEAU, *bas à Dubrissage.*

Fuyez.... fuyez.

DUBRISSAGE, *bas à Filteau.*

Moi, que je fuie!
(*A Forlis.*)
Suis-je donc un Filteau?... Monsieur, la calomnie....

FORLIS.

Tous vos honteux complots ont été révélés :
Le peuple est là, monsieur, il vous poursuit... tremblez.

DUBRISSAGE.

Pensez-vous que ce peuple, envers vous si facile,
N'ouvre qu'à votre voix une oreille docile ?
Il est là, dites-vous ? j'y cours, il m'entendra.
Si son courroux s'emporte, un mot le contiendra.
Mais ma présomption dût-elle être punie,
Je ne compose point pour racheter ma vie :
Je brave tout mon sort, et sais envisager
Le prix d'une action, bien moins que son danger.
A côté du succès, je mesure la chute,
Et, dussé-je tomber, j'avance et j'exécute.
Adieu, monsieur Forlis, vous pouvez l'emporter ;
Mais j'étais avec vous digne au moins de lutter.

(*Il sort.*)

SCÈNE VI.

VERSAC, Madame VERSAC, FILTEAU, FORLIS,
BÉNARD; suite de domestiques.

VERSAC, *à Bénard.*

Monsieur, suivez cet homme, et venez nous redire
Si sur la foule encor sa voix a quelque empire.

(*Bénard sort.*)

FORLIS.

Plaignons de ses talents le déplorable emploi.

FILTEAU, *à part.*

O malheureux Filteau ! quel exemple pour toi !

MADAME VERSAC.

Ah Dieu ! que je rougis, Forlis, de ma conduite !

Cher Forlis, les cruels!...comme ils m'avaient séduite!
Aussi, je les abjure, et m'en veux à jamais
D'avoir tant écouté ces méchants que j'aimais.

FORLIS.

Les révolutions, époques des grands crimes,
Égarent tant de cœurs, et font tant de victimes,
Que la moins orageuse, en son débordement,
N'est, du ciel courroucé, qu'un moindre châtiment...
Oh! loin, bien loin de nous ces crises politiques,
Où chacun, en pleurant les pertes domestiques,
Prend sa part du fardeau des publiques douleurs!
Jours sanglants! jours de deuil, si féconds en malheurs,
Que d'un despote altier le règne redoutable
Est moins à craindre encore, est moins insupportable,
Que ces temps d'anarchie, où l'état sans soutiens
Compte autant de tyrans, qu'il a de citoyens.

(*A Bénard qui revient.*)

Eh bien?...

SCÈNE VII.

VERSAC, Madame VERSAC, FILTEAU, FORLIS,
BÉNARD, SUITE DE DOMESTIQUES.

BÉNARD.

De l'intrigant le règne enfin expire,
A soulever le peuple en vain sa voix aspire:
Le peuple, inexorable alors qu'on l'a trompé,
Couvre de ses clameurs son langage usurpé;
Mais, laissant à la loi le soin de son supplice,
L'entraîne à la prison où l'attend son complice.

MADAME VERSAC.

(*A Filteau.*)

Destin trop mérité!... Ces éclats scandaleux
De notre liaison ont rompu tous les nœuds,
Monsieur ; votre présence, à Forlis si funeste,
Ne peut plus désormais...

FORLIS.

Souffrez que monsieur reste.

FILTEAU.

Ah! monsieur, croyez bien....

FORLIS.

Oui, soyez rassuré ;
Je sais tout : des méchants vous avaient égaré
Oui, contre votre arrêt, madame, je réclame ;
Monsieur est notre ami.

FILTEAU.

Ciel!

FORLIS.

J'ai lu dans votre ame ;
Elle est droite.

FILTEAU.

Ah! sur moi je n'ose ramener
Les regards que vers vous je viens de détourner.

FORLIS.

Vous avez du rougir, quand vous étiez coupable.
Le repentir, monsieur, fait de vous mon semblable :
Donnez-moi votre main.

FILTEAU.

Sous le crime abattu,
Je me sens, près de vous, renaître à la vertu.

VERSAC, *montrant Forlis.*

Ce diable d'homme, en soi je ne sais quoi renferme,

Qui, si je m'oubliais, si je n'étais pas ferme,
Pourrait me ramener à ses opinions.

FORLIS.

Sans doute, les jugeant un jour sans passions...

VERSAC.

Si je vous écoutais, votre voix dangereuse....

FORLIS.

Vous avez l'esprit juste et l'ame généreuse,
Vous reviendrez....

VERSAC.

            C'est vous qui reviendrez, Forlis,
A ce qui fit la force et l'éclat de nos lys,
A ces vieux errements du pouvoir monarchique,
Dont nous ne voulons plus suivre la trace antique,
Armés contre nous-même, ennuyés, mécontents
D'un bonheur que la France a goûté si long-temps.

FORLIS.

Grâce au régime heureux, dont nous voyons l'aurore,
Ce bonheur peut durer aussi long-temps encore.
La raison, sur ce point, prompte à vous rassurer,
Vous dira qu'un état peut encor prospérer
Sous un vertueux roi que la justice inspire :
Croyez que tout n'est pas perdu dans un empire,
Parce qu'on y jouit, avec sécurité,
Des bienfaits d'une aimable et douce autorité
Qui, des droits, des pouvoirs, observe l'équilibre,
Et, sous le joug des lois, rend le citoyen libre.
J'en conviens, ce problême a ses difficultés :
Mais tel prince, à son tour, aura ses qualités
Qui seront, du succès le gage, l'assurance ;
Et nous avons, je crois, un bon fond d'espérance.

VERSAC.

Je vois que nous allons faire un peuple d'amis :

(*A madame Versac.*)

Fort bien.... pour commencer, vous nous l'avez promis,
Vous unissez ma fille?...

MADAME VERSAC.

A Forlis.

VERSAC.

Bon : sans cesse
Vous me faites sonner votre grande richesse;
Nous n'en parlerons plus; n'est-ce pas?

MADAME VERSAC.

De grand cœur,
Si vous nous laissez là tous vos titres d'honneur.

VERSAC.

Soit.

MADAME VERSAC.

Recevez, Forlis, l'hommage d'une amie :
Par vous ma faible tête est enfin raffermie.
Mon cœur n'entrait pour rien dans cette illusion.
Un peu de vaine gloire, un grain d'ambition,
M'avait comme enivrée : à ma raison première
Je vous dois mon retour; je vous dois la lumière,
Qui dessille mes yeux, frappés d'un nouveau jour.
Je vais, à tous les miens, consacrer ce retour.
Du sang et de l'hymen suivre la loi chérie,
C'est ainsi qu'une femme aime et sert la patrie,
Puisque, dans vos leçons, vous nous montrez si bien
Que le seul honnête homme est le vrai citoyen.

FIN.

DE L'IMPRIMERIE DE FIRMIN DIDOT.